「英語耳」独習法

これだけでネイティブの英会話を楽に自然に聞き取れる

松澤喜好

角川新書

はじめに

日本人が、**海外留学**することもなく、**英会話スクール**に通うこともなしで、**ネイティブ（英語を母国語にする人々）並みの発音を身につけ、字幕なしで洋画の早口な英語を聞き取り、ネイティブとの英会話に必要な語彙力**《ごいりょく》**を身につける＝「英語耳」を身につける**ことは可能です。

「発音ができると、リスニングができる」という逆転のメソッドで累計百万部以上を売ったベストセラーとなり、ＳＮＳ等でもご好評をいただいている『英語耳』シリーズの著者である私が本書でお伝えするいたってシンプルな練習さえくり返せば、あなたにも、日本語と同じように英語を自然に聞き取れ、語彙力不足を感じずに英会話ができるようになる日が必ず来ます。

本書では、「英語耳」を獲得するためのアイデアを「九カ条」にまとめて提供します。

二〇二一年現在では、英語学習の世界に革命が起こっており、どんな人でも独学で、実に効率的に数年で「英語耳」をマスターできる時代になっています。そのことを、従来の『英語耳』シリーズよりも廉価に購入できる本書で、より多くの方に知っていただければと考えています。そして「私もやってみよう！」とその気になっていただき、実際に発音練習を行なっていただいて、数年のうちに「英語耳」を獲得する方が続出するようになれば、何よりの喜びです。

さて、その革命を可能にした一つの要素は、**インターネット環境の進歩**です。今では、大量の英語の動画がネット上にあふれています。あなたはそれらを、スマートフォン（以下、スマホ）で遅延なくサクサクと見ることができます。いつでもどこでも膨大な数の英語の動画を検索して発見し、すぐに見ることが可能になったのです。

革命を可能にしたもう一つの要素は、**AIによる音声認識技術の進歩**です。私の「英語耳」講座でも、二〇二〇年一月から音声認識アプリとして使える「Google《グーグル》 Meet《ミート》」（本来はオンライン会議用のアプリです）を取り入れましたが、受講者たちが自分の発音の正確さをいつでもどこでもアプリに判定してもらえるようになったため、受講者の発音の向上が以前よりもかなり目立つようになったと実感しています。発音の習得には、ネットで無料で利用できる音声認識アプリの数々の活用が絶大な効果を生むのです。

しかしながら音声認識アプリを使ったとしても、発音・リスニング力向上の正しい手法を知らなければ、必ず挫折《ざせつ》するでしょう。

音声認識アプリ上で、自分が発音した英単語と違う英単語が表示された場合、自分の発音がおかしいことはすぐわかります。しかし、「英語の発音」に関する知識が無ければ、自分の発音の間違いを自分では修正できません。音声認識アプリも、どのように発音を修正したら良いのかまでは教えてくれないからです。

そこで、ほとんどの日本人の方は、あらためて英語の発音を基礎から学びなおす必要があります。発音の基礎は、日本語とは全く異なる「英語の子音・母音等の発音の仕組み」を一つ一つ確認しながら、実際に口や舌の筋肉を使って発音練習を行ない、(野球やテニスの素振りのように)その動きを体に覚えさせることで身につきます。そうして英語の発音の基礎が身につくと、未知の英単語に出会ったとしても、それを音声認識アプリに正しく認識させられるように、自分の発音をすぐに修正できるようになります。

そうなるとしめたもので、ネイティブが二十四時間つきっきりであなたのそばで発音診断してくれるのと同じ状態が作れます。あとは練習を積み重ねるだけで、「ネイティブにもよく通じる発音」が身につき、早口な英会話を聞き取ることも同時に可能になります。

本書の利用を、**中学一年生から高齢者、TOEIC／英検一級受験者から趣味で英会話を楽しみたい方にまで**幅広くおすすめします。本書のメソッドでこつこつレッスンすれば、誰もが、真にストレスのない英語生活をいずれ必ず送れるようになります。**この方法こそが英会話マスターの最短手順です。**練習開始から二週間目以降、めざましい成果をどんどん実感できるでしょう。

●日本人はなぜ英会話が苦手で、英単語をすぐ忘れるのか？

そもそも日本人は、英会話に出てくる英単語の音を、日本語のカナ音（すべて、英語の発音とは似て非なる音です）に置き換えがちです。それは、意味不明な音の羅列から、なんとか日本語の音を認識し、意味をとろうとする脳の工夫であり、クセでもあると言えます。あなたの脳はそうやって、日本語圏で暮らすために最適化されているわけです。

そのせいで日本人は、but [bʌ́t]（しかし）と bat [bǽt]（コウモリ）を「バット」、heart [hάːrt]（心）と hurt [həːrt]（傷）を「ハート」、year [jíər]（年）と ear [íər]（耳）を「イヤー」と、音を区別せずに記憶しがちです。これはあなたの脳が不出来なせいでなく、日本で暮らすための脳の工夫なのです。

英会話の達人になるには、この工夫――脳のクセを、打破せねばなりません。でないと、英会話の際、音だけから but と bat、heart と hurt、year と ear を区別できないため、前後の文脈からどちらの単語かを判断せねばならなくなり、結果として、英会話の自然なスピードについていけない事態に陥るからです。

あげく、単語暗記の際に「正確な発音」など気にしない人が少なくありません。たとえば、子音 [s] を、十メートル先まで聞こえる澄んだ正しい音で出せる日本人は一割にも満たないのです（多くの方が、「自分は [s] ぐらい発音できる」と勘違いしていますが）。そうした「正確な発音」抜きでは英会話には役立ちませんし、意味とスペル中心で暗記しただけでは、記憶もすぐに頭から消えがちになります。

まずは、「英語耳」を獲得し、英会話をマスターした自分を強くイメージすることから始めてください。具体的なイメージができると、願いはかないます。リラックスしていても英語を聞き取れる、何時間でも英会話ができる状態が「英語耳」の状態です。それはとても楽しい状態です。

たとえば、そばでテレビがついていてCNNニュースが英語で流れているとします。それまで別のことをしていたあなたの耳に、興味あるニュースがふと入ってきます。体と顔をテレビのほうに向けて聞き入ると、アナウンサーの話す英語がすべて意味を持って頭に入ってきます。ニュースがひととおり終わって再び今までやっていたことに戻ると、テレビの声は意識の上から消えます。

でも、無意識に英語の音声は聞こえているのです。ふたたび興味ある話題が聞こえてくると、テレビのほうを振り返り、聞き入ることができます。

翌日、友人とその海外ニュースが話題になります。あなたは友人よりもずっとそのニュースに詳しいので、友人に「どこで聞いたの？」と聞かれます。確かにテレビで見たのだけれど、日本語で聞いたのか英語で聞いたのか意識していなかったことに気づきます。

このような「完全に聞き取れる」状態は、フィクションではありません。あなたがこれから到達しようとしている目的地なのです。

本書は、その目的地に着くまでの地図であり、ガイドとなってあなたを目的地まで案内します。

最後に、あなたの願望を強化すべく、「英語耳」の獲得であなたの人生がどう変わるのか、その例をご紹介してみましょう。

①【before】「何度覚えても英単語を忘れる脳」です。暗記のためにも、英会話のためにも、英語の正しい音の体得が必要です。
↓【after】脳が変わります。「正しい発音で英単語をどんどん吸収できる脳」になります。ネイティブ同様、脳内に英単語が整理されて収まっているので、すぐに英単語が出てきて会話がはずみます。
②【before】面白い英語書籍があっても、たくさん辞書を引かないと読めません。
↓【after】読書で英会話力を強化できます。辞書なしでも高速に読め、読書に際して正しい音が脳内で鳴ります。だからリスニングの練習にもなります。未知の単語も意味が推測可能になります。
③【before】面白い英語の映画、テレビ番組（CNNなど）、YouTube動画、チャットができるオンラインゲーム……字幕や吹き替え音声なしでは意味不明です。
↓【after】楽しめる娯楽の範囲が世界規模に広がります。まだ日本では公開されていない海外の人気ドラマシリーズの続きをいち早く観たり、日本語に翻訳される見込みのないSteamやEpicなどの英語のゲームも英語でチャットしながら楽しめたりします。YouTube動画でメジャーリーグなどの英語圏の生の情報もいくらでも知ることができます。それら

すべてが、字幕なしでも、音声が英語だと意識せずに、自然に楽しめます。
④【before】職場などでの英米人からの電話……ちんぷんかんぷんで泣きたい気分です。
→【after】社内で英米人の電話を受け取ってペラペラ話せます。上司や仲間に尊敬され、あなたが好意を抱く人にも感心されるかも（？）。英語でのテレビ会議なども楽勝です！
⑤【before】海外旅行はいつも日本人ガイド付きのツアーを利用しないといけません。行動範囲がかなり限定され、買い物でも損しがちです。
→【after】英語が通じる国ならどこでも自由な個人旅行を楽しめます。ホテルや店先での交渉でも、何でも来い。旅先でも同行者に見直されるでしょう。
⑥【before】英会話の際は必死です。話すスピードを少しでも上げられると、途端に理解不能に。三十分もリスニングしていると疲れてヘロヘロ。
→【after】いい加減な態度でも英会話ができ、何時間英会話しても疲れません。話すスピードがあがっても、むしろ快適に。会話内容が頭にくっきりと残ります。
⑦【before】英語の学習書をたくさん買い込み、読む／書く／聞く／話す／単語暗記をすべて学習するのでたいへん。英会話スクールにも行かなきゃ……。
→【after】お金も時間も節約できます。学校で文法や基本表現を習っていて、英和辞典

とネット環境さえあるなら、あとは本書だけでも大丈夫なのでお金も時間も大幅節約。あとは読書で英会話の達人に。

⑧【before】英語への苦手意識が強く、生活の中で英語をなるべく避けています。実は人生を半分損してるかも？

↓【after】今後の英語人生が変わります。英語が自然と生活の中にとけこみ、日々の生活や娯楽が一変。世界が二倍以上に広がるでしょう。最初の一年で正しい発音をマスターしたかどうかで、五年後、十年後、二十年後の英語力の伸びも人生も大きく変わります。

目次

第一章　「英語耳」づくりの旅へ、船出しよう！

――この九カ条を心に刻めば、目標は達成可能

なぜ挫折《ざせつ》するのか？

日本人の多くが英会話の習得に失敗・挫折する理由は、以下の二つだと私は考えています。

①英会話の学習効率が悪い。だらだらといくらやってもキリがないやり方をしている。

②魅力的で達成可能な、納得できる目標を明確には設定していない。

みなさんは「英語をマスターした状態」を夢見て英語の学習を始めたはずです。でも、それがどんな状態か、そしてどんな手順でそこへ達するべきか、具体的に言えますか？　実はたいていの場合、目標や方法論があいまいすぎて、せっかく英語を勉強してある程度読めるようになっても、次に何をしたらよいのかわからないまま英語から遠ざかる人が多いのです。

〝迷子になる〟とはこういうことです。あなたにぴったり合った目標と、着実にステップアップしていける学習方法が必要です。

海外留学経験があり、一般に〝高い英語力を持つ〟と言われる人も、コンプレックスを抱えて迷っています。彼らもまた、語彙力《ごいりょく》が足りない、ペーパーバックがすらすら読めない、電話でうまく話せない――などなど、さまざまな課題を抱えたままでいます。

多くの方は特に、「語彙力の不足」と「完全には聞き取れない」ことに悩まされています。そして、「自分には無理なのだろう」とほとんどの人があきらめているのが、英語学習難民の実像です。

英語を学習してきたほとんどの人が、辞書を引き引き英語を読むことはできても、「うまくは聞き取れない」のです。

ですが、普通のスピードの英語を自然に聞き取れるようになると、英語に触れることが楽しくてしょうがなくなります。その段階で、英語学習上の障害は、かなり解消され、別世界が拓《ひら》けてきます。

そのように「完全に聞き取る」ためには、単語をたくさん知っていて、文章を苦もなく読めることが前提です。しかしそう思わず、「完全に聞き取れる」ようになるには、「ただひたすら毎日英会話を聞き続けることが必要」「海外留学さえすればすべて片がつくのだろうが……」と思いこんでいる人が多いようです。

しかし、リスニングだけを長時間続けても、本当に「完全に聞き取れる」地点には行けませんし、やみくもに海外に留学するだけではなかなか英会話は上達しません。海外で勉強する際にも、効率的な学習方法を知り、納得できる目標を立てて、意思を持って学習を続けることは絶対必要なのです。

読んでわからない文章は聞いてもわからないのです。知らない単語も、聞いてわかりません。そして単語を文字で知っていても、発音を知らなければ通じず、聞き取れもしません。

そして、見過ごされがちですが、さらに重要なのは、**英語を理解するスピード**です。スピードを身につけて初めて「完全に聞き取れる」ようになります。

「完全に聞き取れる」ことを目標にし、これから述べる九カ条を心に刻めば、いままであいまいだった目標が具体的で達成可能な目標に変わってきます。〝読み／書き／聞き／話し／単語を暗記する〟の五つを、「聞き取る」ことに関連づけて、その効能を整理し、学習計画をもっとも効率的なものにできるでしょう。

第一条　スピードがすべて。最終目標は三倍速での理解

あなたは、英会話の際に、ネイティブから「じょうずですね」と言われたことはありませんか？　でもそれは、まだまだ喜んだり、安心したりできないレベルにいる証拠です。

英文や語彙がよどみなく出てくる――そんなレベルでは、まだ相手はリラックスできないのです。実際、相手は大きなストレスを感じながら会話をしているはずです。

そんなあなたに足りないのは、スピードです。実はこのスピードこそが、英会話の際に最重要とも言える要素なのです。

あなたが会話のスピードに十分ついていけるようになると、ネイティブの反応が「あなたとは自然に話せるね」に変わってきます。「おじょうずですね」と言われるレベルで満足せずに、「あなたとは自然に話せるね」レベルを目指しましょう。

このレベルに近づくと、ネイティブは「じょうずですね」とは言わなくなります。何も言わずに会話を続けるか、「どこで習ったの？」というような反応がくるはずです。

英語を聞き取れるようになった人々に話を聞くと、口々に「あるとき突然聞き取れるようになった」と言います。

実はそれは、頭の中で英語を理解するスピードが、話すスピードを追い越した時期と一致します。

頭の中で語彙、発音、文法、読解力などが統合され、そして英語を理解するスピードが話すスピードに追いつくと、本人が強烈に感じるぐらい劇的にリスニングの力が上がるのです。

英会話を理解するには、話されるスピードで英文を理解できることが絶対に必要となります。英語を理解するスピードが話されるスピードを追い越すまでは〝リスニングが完璧《かんぺき》〟

な状態にはなれません。

英語を理解するスピードの最終目標は、ネイティブ・スピーカーが話すスピードの三倍速が理想です。ただし、英語を三倍速で理解する能力の獲得には数年はかかると思いますので、当面は一・五倍ぐらいを目標にしましょう。

三倍速というとたいへんそうですが、実は日本語の場合、皆さんは話すスピードの三倍速で文章を考えたり、文書を読んで理解したりできているのです。

実際、日本語の日常会話では、以下の三つのことを同時に行なえるはずです。

①相手の話を理解して聞きながら、
②同時に「そんなバカな」「そう、そのとおり」などと考えながら、
③同時に「こう言ってやろう」と自分の言いたい文章を考えている。

会話を三倍速で理解できて初めてこれらが可能になります。夢中になっておしゃべりしている女性の会話などでは、頭の中では、相手の話すスピードの五倍ぐらい速い速度で考えがかけめぐっているのではないでしょうか。

英語でも、「あるとき突然聞こえるようになった」と感じる瞬間は、必ず誰にでもやってくるので、安心して「英語耳」メソッドのレッスンをしてください。

リスニングのレベルは、英語を理解するスピードが話されるスピードを超える頃から劇的に向上します。つまり最低でも一倍速以上が必要です。〇・九倍速ではダメです。〇・九倍速では、理解のスピードが会話の流れに追いつけません。そのために話が理解できないばかりか、遅れが蓄積されるので、知っている単語でも聞きのがすことが多くなります。

〇・九倍速の能力しかない人でも、日本では「英会話のうまい人」と考えられがちですが、実はこの状態で長年停滞して苦労している人々が多いのです。そして自分では、なぜ停滞しているのか、原因を自覚できず、自信を失っています。

ところが英語を理解できるスピードが一・一倍速になると、この状態は劇的に改善されます。自分でもリスニングができるようになったと実感できます。

さらに一・五倍速程度になると、リスニングはもう余裕になります。一・五倍速程度になると、聞き落とした単語や音があっても、時間的な余裕があるので頭の中で振り返って補えますし、意味の取り違えを修正することも可能です。

また、流れてくる英単語の音にしたがって、〝次はこういう種類の英単語や音が流れてくるはず〟という予測が可能にもなります。

ところが中学高校の英語学習では、スピードがほとんど鍛えられません。リスニングも非常にゆっくりした、〇・二〜〇・五倍速の発音で出題されるのみで、それが聞き取れた段階でみな満足してしまうようです。近年、一部の大学入試などではリスニング力を重視した問題なども現われてはいますが、それでも〇・八倍速で英語を理解できれば全問正解できると思われるレベルです。

このように、学生時代にスピードに着目したことが無いので、社会人になっても英語を理解するスピードを上げるという重要な訓練がまったく見落とされたままでいます。

「なんでリスニングができないんだろう?」——それは、発音や語彙の問題ばかりでなく、スピードの問題も大きいのです。

なお、拙著『15時間で速習　英語耳　頻出1660語を含む英文+図で英会話の8割が聞き取れる』という学習書の付属CDには、ネイティブの高速な英文音読音声を百五十セット収録してあります。その音声について〇・数秒遅れで発音をマネた音読(シャドウイング)をくり返すことで、英会話の一・一倍速での理解が早期に体得できます。発音練習を始めたばかりの方ですと、「早口すぎて、ついていけません」という方も多くいますが、練習回数を重ねていくうちに、必ず「スピードに慣れた。英語のニュースが聞き取れるようになった」状態になります。

スローな音声でのシャドウイングは非効率で、意味が薄いと考えて、これからはいきなりスピードを意識した英文発音練習を心がけてください。

『15時間で速習　英語耳』を使用せずとも、後述するYouGlish等のサイトで、ネイティブの高速な英会話の動画を、英文字幕付きで視聴することはいくらでも可能な時代です。使用されている英単語の難易度が概して偏ったり高くなったりしがちではありますが、それらのネット動画を英語耳レッスンに活用しても良いでしょう。

第二条　英会話では、すべての音を聞き取らなくても良い

さて、リスニングを完璧にするためには、まず英語の子音・母音のすべての「発音」をマスターしている必要があります。

しかしその際、あなたは、「話される単語の子音、母音をすべて聞き取らなければいけない」と誤解していませんか？

実際には、子音・母音の二～三割はかなり手を抜いて発音されています。つまり辞書にある発音記号が、全部きちんと発音されている場合のほうがむしろ少ないのです。

したがって、全部聞き取ろうとしても音が消えていたり、いい加減な発音になっているために、聞き取れないのです。

それでもネイティブは完全に聞き取っています。

簡単な例で、たとえば All right. では、All の最後の l や right の t はほとんど発音されないのが普通です。Good morning. の d や ing の音もはっきり発音されないのが普通ですが、聞き手は完全に理解します。聞こえていると錯覚さえしています。脳で音を補っているのです。

このことはすべての英文に当てはまります。要するに、あなたは All right. や Good morning. のように音を省略して話されている英文をすべて、音の情報が足りなくても理解できねばなりません。発音するときにも、そのように発音できるようにならねばなりません(これは、「オーライ」「グッモーニン」と音を略して言えばいいという意味ではありません。それでは、ネイティブに通じません。〝「water」を「ワラ」と言え〟などと指導している参考書を信じてはいけないのです。そんな安易な問題ではなく、後述する英文独特のプロソディを体得せねばなりません)。

長い単語においても、中に含まれる子音と母音が全部正確に、均一に発音されることはありません。たとえば convenient [kənvíːniənt] には、子音と母音が計十個も含まれます。

日本人はこの単語のすべての子音・母音を均一に発音したり、聞き取ろうとしたりします。これは、日本語のカナが総じて均一な強さ、均一なリズムで話されるので、そのクセが染み付いているためでしょう。

ところがネイティブは、アクセントのある[viː]だけをしっかり聞き取っていて（発音していて）、その前の接頭辞（単語の頭について意味を添える語）の[kən]はなんとなく聞いている（なんとなく発音している）だけです。[miənt]という五つの音は、それらしき音がそこにありさえすれば、ネイティブにとっては十分です。とにかくアクセントのある音が、発音するときも、聞き取るときも、重要なのです。

そのため、日本人に「コンヴィーニエント」のように均一の強さで、全部の子音・母音を発音されると、ネイティブには何の単語か一瞬わからなくなってしまいます。アクセントを頼りに単語を判別するクセがついているからです。日本語のように均一な強さで発音されると、英単語を判別するためのトリガーとなる強い音が多すぎて、一瞬混乱してしまうのです。

単語や文章は、自分で発音できるようになると、がぜん聞き取れるようになります。All right. や Good morning. の、どの音が発音されなくなるのかを自分で再現できると、完璧に聞き取れるようになります。

日本語の発音のクセと英語の発音のクセが、まったく異なることをしっかり覚えてください。すべての音を均一の速度で発音する日本語では、発音する単語が長くなるとそれだけ言う時間を要しますが、英語では単語が長くなっても発音に要する時間が変わらないことがままあります。そう認識して、英会話では、発音の仕方をはっきりと切り替えましょう。

もちろん、それには、英語の子音・母音の発音がしっかりできることが大前提です。発音できない音を聞き取ることは不可能ではありませんが、かなり困難ですし、自分が話して相手に通じさせることはさらに難しくなります。ぜひ英和辞典の子音・母音の発音解説を熟読したり、拙著『改訂3版　英語耳　発音ができるとリスニングができる』『改訂版　単語耳　レベル1　基礎英単語1000の音を脳に焼き付けて「完全な英語耳」へ』などを活用したりして、すべての子音・母音の発音方法をマスターしましょう。

第三条　アクセントのある音節で単語を識別する

ここで、たとえば、アクセントがある音節に [pɔ́ː] という「子音 [p] と母音 [ɔː] の二つの音」を持つ単語を考えてみましょう。

そのような単語の数はいくつあると思いますか？　三百個ですか？　五百個ですか？

実は意外と少ないのです。たとえば、『改訂版　単語耳』全四巻の実践編Lv.1〜4で学ぶ、英語で使用頻度の高い八千語を母数とした場合、「pause [pɔ́ːz], appalling [əpɔ́ːliŋ], spawn [spɔ́ːn], paw [pɔ́ː], pawn [pɔ́ːn]」の五単語しかありません。一般的に耳にする英語の中には、たった五つしかないのです。

こうわかっていれば、[pɔ́ː] に続くもう一つの母音か子音の音を聞き取れれば、一つの単語に絞り込めますね。たとえば [pɔ́ːz] という三つの音が発音されたのを聞き取れれば、pause という一つの単語に絞り込めます。

アクセントのある音節は、このように単語の絞り込みに非常に有効なのです。

えー、なんですって、「[pɔ́ː] は、たまたま少ない例だろう？」ですって？　では最多のケースを見てみましょう。

実は、英語では [s] 音で始まる単語が一番多く、英単語全体の十三％もあります。前述の『改訂版　単語耳』全四巻で扱う八千語の中では、千単語ほどが [s] で始まる単語です。さらに、[s] で始まる音節を含み、そこにアクセントがくる単語は千五百単語近くあります。これでは確かに、[s] 音から脳内で単語を絞り込むのが大変そうですね。

でも安心してください。[s] で始まるアクセントがある音節は、[s＋母音] [s＋子音＋母音［s＋子音＋子音＋母音］など、他の子音よりも音節の区分パターンが多いので、その結果、単語の絞り込みをしやすくなっています。

この結果、アクセントがある音節、たとえば［s＋子音＋母音］が聞き取れると、八千語から十〜二十語に絞り込むことが可能になっています。

要するに、アクセントがある音節さえ聞き取れれば、あなたの脳にある単語の中から、対象となる単語が四百分の一以下に絞り込まれるのです。平均をとると、八千語の中の二十語以下に絞り込まれる比率になっています。音節の母音の後ろにある子音まで聞き取れると、ネイティブは使用単語をほぼ一語に絞り込むことができます。

［s］で始まる単語で、一番多い冒頭二音の組み合わせは、［st］です。八千語の中には約百五十単語ありますので、［st］を聞き取った時点では、使用単語を約百五十までしか絞り込めません。

しかし、［st］に続くもう一音の母音まで聞き取れると、二十単語程度まで絞り込めます。さらにもう一音聞き取れると、たいていは一単語に絞り込めるでしょう。たとえば、stay［stéi］, stop［stáp］, still［stíl］などです。

［s］で始まる音節で、一番多い冒頭三音の組み合わせは［str］です。八千語の中には［str］

の三音で始まる単語が約四十あります。この場合も、[str＋母音]まで聞き取れれば、数個の単語に絞り込めます。

たとえば、[striː]の音で、street [stríːt], stream [stríːm]（流れ、川）, streak [stríːk]（筋、光線）の三語に絞り込みができます。

要するにどのような単語でも、アクセントがついた音節の三〜四音さえ聞き取れば、使用単語を絞り込めるのです。単語の中にある音を全部聞き取ろうという必死な姿勢は必要ありません。

ネイティブはそうした絞り込み（先読み処理）を無意識のうちに行なって、英会話を効率よく理解しています。

第四条　ネイティブと同じ語彙空間を脳内に持つ

ネイティブ・スピーカーは、会話の際に英単語を引っ張り出しやすい構造で、脳に膨大な英単語群を整理・格納しています。

何で整理しているかと言いますと、それは「音節の音」であろうと推測できます。「音節」(syllable《シラブル》)とは、英語の話者が「一つの音だ」と感じている母音と子音の組み合わせのことで、多くの英和辞典では、di·ver·si·ty のように、音節の間に中黒（・）マークを入れて記載しています（ちなみに diversity [divə́ːsəti] は「多様性」という意味の名詞ですが、日本語ではダイバーシティと発音されている単語です。英語では四音感覚で発音するので、全く感覚が違いますね）。

日本語の場合を考えてみましょう。日本語の単語は、「病院」「美容院」など、たいてい二つか三つの漢字の組み合わせでできています。「びょういん」と「びよういん」を区別するため、日本人は「びよう」という三つのカナを「びょう」と区別して聞き取っています。

では、脳が単語を検索するために必要な「音」や「音の組み合わせ」は、日本語ではいくつぐらいあるのでしょうか？

三つのカナの理論的な組み合わせは五十音×五十音×五十音の十二万五千個です。「びょう」の「び」や「ょ」まで入れると五十よりも多くなりますが、とりあえず約十二万個としましょう。

でも国語辞典で「あかさたな」を順にぱらぱらとめくって見てください。人間の脳では十二万ものランダムな組み合わせを検索処理することは不可能だと思われるので、よく使われる漢字を組み合わせた、もっと少ない音（恐らく三千〜四千程度の音）をもとに単語を絞り込んで検索していると思われます。

英語の場合は、子音・母音の四音の組み合わせをもとに単語を脳内で整理し、また、検索して引っ張り出しているとすると、理論的な組み合わせ数は二十六音×二十五音×二十五音×二十五音の四十万六千です（ここでは二つ同じ音は続かないとしました）。三つの音[str]などを基準にしているとすると、二十六音×二十五音×二十五音の一万六千に絞られます。

　では、実際に使われている、単語を脳内検索するためのキーとなる「アクセントのある音節」の数はどれぐらいあるのでしょうか？

　私の分類では、これが約五百しかないのです。これらの約五百音（これを『改訂版　単語耳　レベル2』では「黄金の56パターン」に集約しています）にさえ慣れてしまえば、数万語の英単語がイッキに発音できるわけです。これで、どんな英文を見ても、「昔から知っていた単語だらけ」という感覚があなたの中に生まれます。

　この五百種類、計五十六パターンの音節の内訳は、具体的には「子音＋母音」「子音＋子音＋母音」「子音＋子音＋R＋母音」、そして数は少ないのですが「母音」から始まる音節です。

　これらの音節を発音できるようになると、どんな単語でも発音可能になるのです！

　あなたが英単語を覚える際には、この「アクセントのある音節」の音を強く意識すべきです。英単語集や、英和辞典を引いて英単語を覚える場合は、「アクセントのある音節」でその単語をすぐに脳内検索できるようにしよう、と強く意識して暗記することをおすすめします。

なお、この問題に関しては、拙著『改訂版　単語耳　レベル2　中級英単語2000の音を脳に焼き付けて「完全な英語耳」へ』の活用もおすすめします。同書では、二千語の語彙を「黄金の56パターン」をもとに整理した上で、発音練習することを可能にしているからです。「黄金の56パターン」構造を脳内に作りながら、大学入試対応レベルの二千語の英単語を覚えたい方にはうってつけの内容です。

第五条　日本語なまりの英語は、ネイティブには自然な発音

私の発音は、日本語のなまりがまるだしです。なのに、ネイティブに「あなたの英語にはへんなイントネーションが無いですね」と言われて、不思議に思った経験があります。

実はこの経験から、私のかつての学習方法の間違いに気がつきました。それまでは、ネイティブ・スピーカーと間違えられるような発音の習得を目標としてがんばってきたのですが、実際には目的地はもっと近くにあったのです。

日本では、発音に関して「英米人と間違えるような英語の発音」というかなり高いレベルが要求されがちです。いくら練習しても日本語なまりがあると指摘されます。なぜなら日本人は、英語の発音に微妙に混じる日本語の発音の特徴を細かく聞き分けているからで

す。そして、このことが、私たちが英語を話す際の大きなコンプレックスとなっています。

日本人の英語の発音の評価は、聞く人が日本語ネイティブかそうでないかで大きく違います。日本人が聞くと日本語なまりが入っていると感じる発音でも、日本語を知らない中国人やシンガポール人が聞くと、ほぼ完璧な英語に聞こえる場合が多いのです。この場合、英米人もなまりがほとんど無いと感じます。

ということは、発音に関しては、正確に伝わることを目的地として習得すればよいのです。〝英米人が聞いたときに、なめらかな発音に聞こえる〟レベルは、〝日本人が聞いて日本語なまりが完全に取れていると判定される〟レベルよりもずっと低いところにあるので、誰にでも到達可能です。

つまり、〝日本人が〟あなたの発音についてとやかく言うことは気にする必要がありません。そう考えると、気が楽になりませんか？

とはいえ、日本語なまりが多少あってもネイティブが「自然な英語だ」と聞いてくれるためには、条件があります。それは英語の「**プロソディ（Prosody）**」に沿って発音することです。プロソディとは、英文が話されるときのリズム、イントネーション、アクセントの位置、ポーズの位置、単語の区切りなどを総合したスピーチ全体に関わる情報です。

ここで例に挙げたいのがタレントのタモリさんの芸です。タモリさんがしゃべる中国語風のプロソディを持ったデタラメな会話は、中国の方には「確かに中国語のように聞こえるが、何を言っているかはわからない」と判定されるようです。

もちろん、日本語には日本語独特のプロソディがあります。カナをほぼ均等に発音することも日本語のプロソディの一要素です。そして英語には、英語独特のプロソディがあります。文の中の英単語それぞれの発音スピードが異なっていること、特定の音節にアクセントをつけることなどが、その重要な構成要素となります。

英語のプロソディを守って発音していれば、英語の音に日本語のなまりが多少入っていても構わないのです。前述のように中国語には中国語のプロソディがあります。中国語のプロソディに乗せて英語を発音されると、我々には中国語に聞こえてしまうのです。

プロソディを習得するためには、生の英語を聞いて、なんどもプロソディを真似して発音を練習すればよいのです(そのレッスンに使える動画が見つかるサイトなどは、あとでご紹介します)。

反対に、英語を聞くときに、日本語のようなプロソディを英語に期待している間は、英語の聞き取りにはムリが生じているわけです。

「あれ、では日本語のなまりとは何なのだ?」と改めて考えてみましょう。

英語の母音に日本語の母音の発音が混じる、英語の子音に日本語の発音のクセが入る――そうした要素が「日本語なまり」を生じさせています。

英語の子音には、日本語では出てこないような、かなり強い息が必要となる音があります。いっぽうで、単語の語尾などで、弱く消え入るように発音することが必要となる音もあります。連続する子音の発音も、日本語にはない発音なので、かなり練習する必要があります。

英語では、日本語よりも多様な発音方法が要求されるのです。こうした特徴から、日本語は小声でぼそぼそ話しても通じやすいのですが、英語ではしばしば、より大きな声量や強い息が必要とされるのです。

練習しても練習しても、きっと日本語の影響は残り続けます。何年もかけて、日本語のなまりを消してゆく努力は継続する必要があります。

英文をイントネーションとリズムをつけないで、日本語の平坦《へいたん》な調子で発音する――これは学校の授業などで、周囲に笑われたくないので、日本の学生がやりがちな発音方法です。しかし、それですと、プロソディが日本語なので、ネイティブは混乱します。中には、「いま話されているのは日本語だろう」と感じるネイティブもいたりします。

英単語の中の日本語のなまりを消す努力と、平坦な日本語のリズムを消して、英文のイントネーションとリズムで発音することはどちらも大変な努力が必要だということは、強く意識しておきましょう。

英単語の中の日本語のなまりを消す努力を続けながらも、より優先して先に学ぶべきは、英文のイントネーションとリズムを身につけることです(これには前述の『15時間で速習 英語耳』や、あとで紹介するネイティブによるネット動画を活用するといいと、ここで改めて強調しておきます)。

英語を話す人の気持ちは、イントネーションやリズムに表われます。心を受け取る、心を伝えることを英会話の中で感じることがなければ、英語の学習は無味乾燥なものとなります。

第六条　ネイティブは、音節に漢字のような意味性を感じる

「英単語は、アルファベットの組み合わせによる表音文字なので、漢字に比べると無味乾燥で、とらえどころが無い」「スペルにも規則が少ないようで、英単語のスペルを覚えるのは一苦労」――そう思っている日本人は多いようです。しかし、アルファベットの組み合わせには、実は意味性があるのです。ネイティブはそういう感覚を抱いています。

そういう感覚を抱くためには「語源」を知るのが近道です。語源を知ると、「スペルの組み合わせに、漢字のような意味性を感じること」が可能になっていきます。

私が「語源」の威力を人に説明するときによく使う単語が、albatross, alps, album です。実は、これらのスペルには漢字のような意味性が隠されています。何かわかりますか？ albatross は「あほうどり」という意味です。alps は「アルプス山脈」、album は「（写真を整理する）アルバム」のことですね。

これらに共通するイメージは「白」です。実は、alb-、alp-というスペルが「白」を表わしていて、ネイティブはその音からすぐにそうしたイメージを抱きます。

alb-、alp-の語源は、albus（白）というラテン語です。私が勝手に語源に漢字を当てはめると、「albatross」（白大鳥）、「alps」（白山）、「album」（白頁）になります。

私は、学生時代に、albatross の中に「白」が隠されていることを知り、沖にいる白い大きな鳥と知ったときから、albatross は絶対に忘れられない単語になりました。

日本語には、「白髪」「淡白」のように白が入っている熟語があります。みなさん、「はく」「ぱく」という発音に白というイメージを感じるはずです。同様に、ネイティブは alb-、alp-という音に「白」というイメージをなんとなく感じているのです。

英単語では、三つか四つの文字の組み合わせが、ある種の意味をイメージさせます。実は、この意味のある部分、つまり**「語源」情報を含む部分には、アクセントがある**という発音上の特徴があります。アクセントをつけることで、その単語の中に隠されている「意味のある部分」を、ネイティブは強調しているのです。

人間の脳は、すでに知っていることに関連付けると楽に深く記憶を残せます。神経細胞（ニューロン）をつなぐシナプス（つぎめ）が一度つながると、あとは似たような刺激（情報）を得たときに、どんどんそのシナプスのつながりが強化されていき、記憶に残すことが得意になっていきます。

日本人は「白」のイメージで連想して「白髪」「淡白」「潔白」などを関連付けて覚えています。外国人がこの「白」のイメージを知らずに、「はくはつ」「たんぱく」「けっぱく」などの音から日本語の単語の意味を覚えようとすると、大変な労力が必要になるわけです。

この例と同じように、日本人は英単語をかなり無駄な労力をさいて覚えようとしているケースが多いのです。これでは、いつまでたっても、必要な英単語（このあとの第七条ご参照）を覚えられません。

英単語の「語源」情報を含む部分を、漢字の偏やつくりにたとえてもいいでしょう。漢和辞典の表紙の裏側には部首索引といって、偏やつくりの表があり、だいたい三百個前後が掲載されています。それらから、約一万個の漢字が関連付けられています。

英単語の場合も、約四百個の語源から約一万語の単語が派生しています。どの国の言語にも、数百の「基本となるイメージ」があって、それに関連付けることでたくさんの語彙が生まれているのでしょう。だからこそ脳が苦もなく処理できるのだ、と私は考えています。

現代では、「語源」について語る書籍も世に増えました。また、ネット上にも、英単語の「語源」の情報があふれています。英単語を暗記する際には、この「語源」も意識しましょう。記憶に定着しやすくなり、また、未知の英単語を見た際の類推力も一気にアップします。拙著の中では、今後発売となる見込み（二〇二一年十二月現在）の『改訂版　単語耳』のLv.3、Lv.4のレッスンで「語源」を意識した英単語暗記を可能にしています。あるいは、私と仲間が公開している「語源の広場」というサイト（後述）を活用するのもおすすめです。

「語源」——つまり三つか四つのスペルの組み合わせに隠された意味を知ることで、たくさんの英単語が脳に効率よく格納可能になります。そしてその「語源」情報を含む部分には必ずアクセントが来るので、その知識により、リスニング力が格段に向上するのです。

そうなると、日本人も、ネイティブがやっているのと同じように、音から意味がイメージ可能になります。ぜひ、「語源」を意識してアクセントのある音のかたまりを発音練習してください。

この発音練習をくり返すことで、脳の中に、基本的な音がすり込まれます。そして、脳内の神経細胞をつなぐシナプスもより強固に張り巡らされ、ネイティブと同じように瞬時に敏感に「語源の音」に反応する脳が作られていきます。

すると、リアルタイムでリスニングしたり、英語の本を高速に読んだりすることができる完全なる「英語耳」へとどんどん近づけるのです。

第七条　英単語は八千語程度を使いこなせれば十分

辞書を引かないで英文の意味を類推するには、目にした英文全体の九十五％以上が既知語である必要があるとされます。つまり知らない単語は二十語に一語以下でなければいけません。実際には、知らない単語の割合が二十五〜五十語に一語以下まで減ってくると、ようやくネイティブ並みのスピードですらすら英文を読めるようになります。

これが我々がゴールとする語彙数です。

そしてその数は、ずばり二万語です。この二万語は、「受容語彙」（読んだり聞いたりしたときにある程度理解できる語彙）です。

いっぽう、必須《ひっす》の「発信語彙」（自分で言って書いて使いこなせる語彙）の数は、八千語です。

実際にいくつの語彙が必要なのかは、コンピュータを活用した語彙の分析で知ることができます。実はこの語彙の分析は一九九〇年代から活発に行なわれてきました。

私が目にした大規模なものは『COBUILD《コウビルド》』英英辞典の一九九五年版です。このCOBUILD初版は英文二億語分を分析しています。第三版（二〇〇一年）では、これが英文五億語分にまでふくらみました。

COBUILDでは、初版から、出現頻度順に単語にマークが付いています。

以下の単語のカウント方法は第三版のものです。

◆◆◆◆◆　最重要単語六百八十語
◆◆◆◆◇　次に重要な千四十語
◆◆◆◇◇　次の千百八十語
◆◆◇◇◇　次の三千二百語
◆◇◇◇◇　次の八千百語

分析によると、星五つと星四つの合計千七百二十単語だけで、英文五億語の七十五％をカバーできるそうです。また、星一つの八千百語まで累計一万四千百語を覚えてしまえば、英文五億語分の九十五％がカバーされるそうです。これには相当に難しい語彙も含まれています。

また、『JACET《ジャセット》 ８０００英単語』（桐原書店）によると、七千語の語彙数で、英検一級やTOEICテストで出る英文の九十五％以上の語彙をカバーできるそうです。

これらをすべて考慮し、私が『改訂版　単語耳』（全四巻）で学習の課題として選んだのが、後者『JACET ８０００英単語』の八千語となります。

この八千語は、固有名詞や略語や派生語を含んでいないので、余分な贅肉《ぜいにく》のない筋肉質な語彙群と言えます。

この八千語を「発信語彙」のレベルまで習得できれば、「受容語彙」は自然とその約三倍獲得できると考えられるので、学研プラスの『ニューヴィクトリーアンカー英和辞典』に掲載の約二万五千三百語を、ほぼ全部理解できるレベルに容易に到達できるでしょう。

もちろん、『改訂版　単語耳』（全四巻）以外の英単語学習書を選ぶのでも、あるいはネットやスマホのアプリで英単語学習を進めるのでもけっこうです。ただし、その際の目標はやはり「発信語彙八千語」を目標にされると良いかと思います。

なお、この八千語は後々、苦もなく洋書（本書で言う「洋書」とは、もちろん「英語で書かれた本」のことです）の「多読」をするための上級者向け必要語彙数でもあります。ですから、ハードルが少し高いです。

では初級、中級の人が、最低限獲得すべき語彙数はいくつぐらいなのでしょう。また、日常会話のためにはどのぐらいの語彙数が必要なのでしょうか？

日常会話でなんとか通じるレベルは発信語彙千語からと言われています。発信語彙が千語もあると、受信語彙はその三倍の三千語にもなります。私の感覚では発信語彙が千語、受信語彙が三千語程度あれば、日常会話でほどほどに通じるレベルにあると思われます。

初級、中級の人がねらう語彙数は、「英英辞典を引ける語彙数」と定義することも可能でしょう。

すると、やはり必要な受容語彙は二千五百〜三千語程度です。英英辞典は定義語の語彙数が明らかにされており、たとえば先のCOBUILDでは約二千五百語と設定されています。定義語とは単語の意味を説明するために使われている語彙のことです。

このことからも、初級、中級者が初めに越えるべき語彙数のハードルは、発信語彙千語、受信語彙三千語程度だと思います。それで、英英辞典をそれほど苦労なく使いこなせるようになります。

その後は、発信語彙八千語の発音を徹底的に脳にすり込みましょう。早ければ半年、普通は一～二年もかければ、十分に習得可能な数です。

脳にすり込んだ「正しい音」は一生消えませんし、その発音にスペルを関連づけることでスペルも忘れにくくなります。

そしてこれにより、発信語彙（自分で使える単語）の三倍ほどの実質二万数千語の受信語彙、つまり文章から意味を推測できる単語も自然に身につくはずです。

もちろん、〝自然に〟と言っても、読書したり、リスニングを毎日少しずつ続けたりする必要はあります。語彙がほとんどゼロの状態から練習を始め、発信語彙八千語を半年から一年で習得した人の脳内にはまだ、知ればすぐ理解できるはずの二万語の語彙が蓄積されていないからです。

第八条　文法の習得は絶対に必要。英語を頭から理解する

第一～七条は主に発音と語彙についての話でしたが、ここで文法についてお話しします。

世の中には「文法なんか知らなくても、英語は話せる」「英文をただ聞き流すだけでOK」などとうたう書籍やスクールがありますが、甘い言葉に騙《だま》されてはいけません。英会話の習得に、文法は絶対に必要です。

文法を学ぶとは、一言に集約すると、「英語の語順を学ぶこと」。つまり語順の感覚を身につけることと言えます。頭から順に英文を理解する感覚を養うこと、と言ってもいいでしょう。

日本語と英語は文法がまったく違うと言われますが、何が違うかというと、「語順がまったく違う」わけです。

「そんなことは知っているよ！」ですって？　英語は動詞が前半に来て結論が先にわかるけれど、日本語は動詞や結論が文の最後に来る……といった語順の話ではありませんよ。

英語をリアルタイムで理解するためには、英文を後戻りして理解していてはダメなのです。これがどういうことだか実感できますか？

二つ以上の単語を使う際、「どのように並べたら良いのか？」ということは、どの国の言語も持っている文法の根本問題です。世界の言語は、主に二つの別々の方法でこの問題を解決しています。

一つは、単語をある程度どのように並べても良い方法です。日本語やラテン語などはこうした言語です。それらでは、単語の位置を変えても文章の意味は変わりません。

もう一つは単語の並べ方に意味を持たせる方法です。英語が代表例です。文中における単語の「位置」によって、個々の単語の持つ「意味」、つまり文章の「意味」が変わります。

少し具体的に見てみましょう。

日本語は「てにをは」を単語につけて、その単語が文のどこにあっても意味が通じるように工夫されています。

①太郎は花子にカードを送る。
②カードを太郎は花子に送る。
③花子に太郎はカードを送る。

という三つの文章は「太郎」「花子」「カード」の位置が文章の中のどこにあっても、どれも意味が同じです。

これに対して英語は、単語の「位置」に「てにをは」の意味が隠されているために、「位置」を変えると意味が変わるのです。

①Taro sends Hanako a card.（タロウはハナコにカードを送る）
②A card sends Taro Hanako.（カードはタロウにハナコを送る）

③Hanako sends Taro a card.（ハナコはタロウにカードを送る）

という三つの文章はそれぞれ意味が違いますし、二番目の文章は論理的にありえません。単語を置く位置に「てにをは」の意味も持たせるのが、英文法の特徴です。

英文法というと、SV、SVC、SVO、SVOO、SVOC（Sは主語、Vは動詞、Oは目的語、Cは補語のこと）といった五文型を思い浮かべる人が多いと思いますが、五文型は単語の並べ方を整理した結果に過ぎないのです。

つまり、英文法の真髄とは、〝単語の位置にも意味がある〟ということで、それを〝頭から理解していくこと〟なのです。

第九条　読書体験を、「目で聞く体験」にしよう

最後に、完全な「英語耳」の完成・熟成のために最終的に必要となる「多読」についてです。

読むことと聞くこととは、実は目と耳という入力器官《インプット》が違うだけで、脳内では同じ辞書が検索され、同じ語源イメージが使われ、同じ文法処理がなされています。

読んでも聞いてもネイティブの頭の中では、膨大な情報の中から文字と音とが検索され、

統合されているのです。

日本語では普通に行なわれているこうした〝統合された理解〟が、英語でもできるようになると、その後は、読んでも聞いても言語に関する「文字」と「音」の情報が、どんどん脳内に整理、蓄積されていくようになります。つまり、読んで知ったことが聞いてもわかるようになるのです。聞いて知ったことが、読んでもわかるようになるのです。

こうなると、その後は脳が勝手に英語をマスターする方向にあなたを導いてくれます。あとは、日々の生活の中で英語に触れるだけで、読書を楽しんでいるだけで、リスニング力や語彙力が知らない間にどんどん向上していきます。

私はこの状態での読書を「目で聞く」と言っています。

そうなると、英語書籍の読書は、人同士での英会話学習以上に効果的になります。

英会話では相手のペースに合わせる必要がありますが、読書は自分のペースで行なえますので、より効率的な学習ができるのです。難易度や、作家の好き嫌いを、自分で自由に調整して楽しめます。これが知的好奇心を刺激し、脳内で快楽物質ドーパミンが出るのを促し、脳をいっそう発達させ、記憶をより確かなものにしていくのです。

ここで実際に効果があった友人の話をしましょう。

私は、アメリカに長年駐在している友人を訪ねたことがあります。友人は「リスニングがなかなか上達しない。映画の音声がまだ全部はわからない」と嘆いていました。そこで私が読書をすすめたところ、私が渡したペーパーバックをたいへん気に入ってくれました。

その友人に、一年もたたないうちに再会したところ、なんと洋画を字幕なしで理解できるようになったというのです。さらに驚いたのは、英語を使う会議で、スラング（俗語）やジョークまで連発するようになった、ということでした。

アメリカで日々、英語のシャワーを浴び続けたことにも効果があったと考えられますが、本人は「読書が一番効いた」と言っています。私も「リスニング力の強化には、読書が絶大な効果を持つ」と実感していますので、この友人の分析に大賛成です。

ですので、「音」から英単語を覚え始めながら、同時にすぐ、英語の読書を始めましょう。早い人で一〜二年、平均で三〜四年ほどで受信語彙を二万語レベルまで持っていくことができます。そして、第八条での課題だった英文法や英語表現についても知識がみるまに深まっていくでしょう。

三百ページぐらいのペーパーバックを三十冊ぐらい読み終える頃には、発信語彙八千語、受信語彙二万語が習得できると思います。

三十冊というと「エッ、何を読もう？」と腰が引ける人がいるかもしれませんが、後ほどおすすめの英語書籍を具体的にご紹介しますので、特に読みたい洋書が思いつかない方は、その順に読書を進めてみてください。挫折しないで読書を必ず続けられると思います。

最終目的地は、英語を意識しなくなるところ

英検一級に受かったり、TOEICで九百点を突破するようになったりすると、だいぶ英語が聞き取れるようになってきますが、それでも「十分ではない」と感じている人がかなり多いのが実態です。

知らない英単語がまだたくさんあるので、ちょっと難しいペーパーバックになると、すらすらとは読めません。洋画を観に行っても字幕が無いと全部は理解できませんし、そのほか、さまざまな場面でフラストレーションを感じる、という話をよく聞きます。

では、どこまで行けば目的地に着くのでしょうか。

実は、英語学習においても、「悟りの境地」があります。これを経験すると、いっきに英語を聞き取るレベルが上がります。

二つ例をあげましょう。この両方の「悟り」を経ることで、完全な「英語耳」に到達できます。

一つめは、「はじめに」でも記した、リスニングで英語を意識しなくなる「悟り」です。

たとえば朝のニュースで、ある事件について聞いたとします。夕方になって友達とその話題になったときに、はたしてNHKのニュースで日本語を聞いたのか、衛星放送のCNNなどで英語を聞いて知ったのかという日米の言語の意識がなくなるときが来ます。これこそ、英語学習という呪縛《じゅばく》から心が解放されて自由になった瞬間です。

二つ目は読書で英語を意識しなくなる「悟り」です。

自分にぴったり来る作品に出会って夢中で読んでいると、わくわくしながら次はどうなるのか読まずにいられなくなる状態がやって来ます。読書に「はまる」経験です。英語を読んでいても、もはや英語という意識がなく、知らない単語が多少あっても気にせずにどんどん中身に引き込まれる状態です。

上記のような「悟り」の状態を何回か経験できるようになると、完全な「英語耳」というゴールは間近です。

こうなると、英語に触れるだけで、どんどん英語を理解するために必要な情報が頭に蓄積されていくからです。

あなたの体は、必ずそのようになるのです。人間の脳は、そうできているのです。

そうなってしまえば、読んでも、聞いても、話しても、書いても英語の経験値が増え続けるので、知らない間に目的地に到着し、通り過ぎてしまうでしょう。

ただし、ここで誤解しないでほしいことがあります。「悟り」の状態に必要なのは、聞いているニュースのすべての英単語を聞き取って理解することではありません。また、読んでいる英文の全ての単語を知っていることでもありません。

百％をねらっていると、むしろ、いつまでたっても英語を楽しむ「悟り」の境地に達せないのです。逆に、英語に対して「私にはムリ」というトラウマが生じかねません。英文の九十五％の英単語を知っていれば、内容を理解して、ストーリーを追うことができると言われています。ネイティブスピードの高速な英会話では、一分間に二百単語が話されます。このうちの五％の英単語を聞き取れなくても、内容がわかるのが普通です。

二百単語の五％は十単語です。この十単語に気を取られて、「あー、わからない」「まだ完全ではない」とがっかりするよりも、百九十単語で内容を理解してストーリーを楽しむほうが良いのです。出てくる英単語のうちの五％程度の英単語をあなたが知らなくても、英語の読書は楽しめます。英語学習のなるべく早い段階から、「読書で英語を意識しなくなる悟り」を経験できるよう、洋書の多読を始めることをおすすめしたいと心から思います。

「多読」を楽しむためには「わからないところは飛ばす」という割り切りの精神が必要です。すべての単語がわからなくても気にならない精神、そこでつっかからないで内容に没頭する精神が大切です。このことが、同時に、リスニングの能力をも飛躍的に高めてくれます。聞き取れないところにつまずかないで、英文を頭から理解できるようになるからです。

最近では、「Amazon.co.jp」が提供している電子書籍リーダー「Kindle《キンドル》」のように、洋書を読む際にかんたんに辞書を引かせてくれたり、難しい英単語の言い換えを提示してくれたりする電子書籍リーダーやアプリがありますので、それらを「多読」に取り入れることもおすすめです。

第二章　実践！　英語耳への道のり～発音編

「英語耳」獲得のための三つの道しるべ

第二章からはいよいよ、完全な「英語耳」を獲得するための、具体的な手法をご紹介していきましょう。私は、そのための道しるべを、

①「発音」
②「語彙《ごい》」
③「多読」

の三段階に大きく分けて考えています。
①についてはこの第二章で、②については続く第三章で、③については第四章で詳しく述べていきます。
まず、①「発音」の習得は、以下の四ステップを積み重ねて達成しましょう。

ステップ一　子音・母音の発音方法を習得
ステップ二　音節（子音・母音の組み合わせ）と単語の発音方法の習得

ステップ三　文の発音の習得

ステップ四　長い文章の発音の習得（Parrot《パロット》効果とシャドウイング）

英語の発音とリスニングの習得法には、ボトムアップ（Bottom-Up）式とトップダウン（Top-Down）式の二つがあります。

ボトムアップ式は、英単語の子音・母音の口の動きを知ることから始めて、英単語↓文章の発音練習へとレベルアップしていく方法です。この場合、題材もゆっくり話されているものから始めます。長所は、初心者でも負荷が少なく、始めやすいことです。英語独特の子音・母音から習得を始めることで、発音が明瞭《めいりよう》でわかりやすくなります。

短所は、文章の発音がぶつ切りになりやすく、リンキング（英文中の二つの英単語がつながって発音が変化すること）など、早口&省エネで話す練習が後回しになることです。

このステップ一の基礎から始めてステップ四に順に、じっくりと進むやり方がボトムアップ式になります。

『改訂3版　英語耳』はボトムアップ式の学習書です（同書後半の「Parrot'sLaw《パロッツロー》」から開始するなら、トップダウン式とも言えますが）。また、『改訂版　単語耳』シリーズの全四巻は、英単語の発音練習をくり返す本ですので、やはりボトムアップ式に位置付けられます。

これに対し、トップダウン式は、会話のナチュラルなスピードの発音をいきなりマネする方法です。先のステップ三またはステップ四から始めて、必要に応じて、ステップ一やステップ二を習得します。

トップダウン式は全体のイントネーションやリズムなどのプロソディを最初に身につけようとする方法です。長所は、高速な会話にいち早く対応できるようになること、効果がいち早く出ることです。せっかちな方、早く成果を実感したい方に向いています。短所は、英語特有の口や舌の動きへの理解が不十分な方が実践すると、th, f, v などの発音がカタカナ発音のままになってしまうことです。また、難易度が高い分、当初はツラく感じがちです。

『15時間で速習 英語耳』はトップダウン式の学習書です。付属CDに収録した音声は、かなり高速です（しかし、ネイティブには自然な範囲の速度です）。速いとはいえ、使用されている英単語はやさしいものばかりですし、一つのイメージ画に対応する英文の時間的長さを十秒前後と短くしてありますので、初心者の方にもチャレンジしていただきたい教材です。開始してしばらくは、付属CDの音声が速すぎてキツく感じても、十ページ、二十ページとレッスンを進めるにつれて、必ずこのスピードに慣れてきます。同書全体の英文をシャドウイングしたとしても、三十分ほどで、必須《ひっす》千六百六十語をちりばめた英文の発音を練習できます。同書でレッスンすると、今後の人生で聞く、あらゆる英語がゆっくり明確に聞こえるようになることをお約束します。

『15時間で速習　英語耳』を使わずとも、ネットで検索して、ネイティブが自然に会話している、内容に興味を抱ける動画（できれば英文字幕付きのもの）を探して、シャドウイングに励んでみてください。それでも、トップダウン式の練習はもちろん可能です。

とはいえやはり、発音初心者の方には、ボトムアップ式のほうが好評なようです。

その際、英語の子音・母音、そして英単語を発音するための調音方法（口と息の使い方）は日本語とは全く異なりますので、最低限の音声学の知識が必要となります。英和辞典や『改訂3版　英語耳』などで子音・母音の発音方法を必ず身につけましょう（本書一八一ページからも参照してください。子音・母音の発音のコツをまとめて解説しています）。

逆に、英語の子音・母音の調音方法をすでにご存じの方は、トップダウン式のほうが、じれったくなくて、効果的でしょう。その上で、改めて学習が必要だと感じた苦手な音に関しては、ボトムアップ式の手順で練習すればいいのです。

英語のプロソディを習得するためには、必ずステップ四にまで進む必要がありますので、ボトムアップ式で発音練習を始めた方も、ときにトップダウン式で学んでみる日があっても良いでしょう（飽きずに継続することも大切ですので）。

ステップ一　子音・母音の発音方法を習得

日本語は漢字とひらがなとカタカナで書かれています。いっぽうで、英語は原則、アルファベット二十六文字の組み合わせで書かれています。アルファベットには、子音を独立して表現できるというすぐれたところがあります。このため英語では、単語の中のあちこちで子音を使うことができます。英単語の半分以上は、語尾が子音で終わっています。

ところが、日本語のひらがなやカタカナの一文字では、英語のように子音だけを独立して表現することができません。したがって日本語では、単語の中で、子音があちこちに散らばって存在していることが原則としてありません。このことから、日本語のカナ一文字で英語の子音の音を表わすことはできません。実はこれが、多くの日本人が英語の発音を苦手とする理由の一つです。

母音を表現する文字に関しては、日本語の「あいうえお」（五個）と、英語のアルファベット「aiueo」（五個）は、数が同じです。しかし、日本語の「あいうえお」はいつも発音が同じですが、英語のアルファベット「aiueo」の発音はそれぞれ複数の発音パターンを有しています。たとえば、アルファベット「a」は hat [hǽt]（帽子）と hate [héit]（憎しみ）では異なる発音になります。英語の母音の発音は、アルファベットの五文字「aiueo」を組み合わせたものだけで二十種類ほどあると言われています。これが日本人を混乱させます。

本書では、英語の発音を表わすときにはカタカナ（ハット、ヘイトなど）ではなくて、発音記号（[hǽt], [héit] など）を使っています。発音記号の過半数はただのアルファベット文字ですので、発音記号にしり込みする必要はありません。

発音記号と英語の音とを結びつけられるようになることで、知らない単語でも、辞書を引いて発音記号を見ると発音できるようになるのはうれしい点でしょう。

ステップ一を学ぶにあたっては、『改訂3版　英語耳』で子音・母音の調音方法を知り、その上で、中学卒業までに習う必修千単語を子音・母音で整理しながら発音練習ができる『改訂版　単語耳　レベル1』を利用することをおすすめします。

とはいえもちろん、お手持ちの別の教材や教科書、あるいは YouTube などで見られるネット教材やスマホアプリなどを使って実践していただいても構いません。

さて、英語の子音・母音の中には、日本人が英語の発音をマスターするために重要な二つの音がありますので、それをまずご紹介しましょう。この二つの発音をマスターできれば、英語の子音・母音の発音の習得は半分くらい達成できたといえるからです。

それが、子音[s]と、母音[ɚ]の音です。

この二つだけなら、一週間もかからずに習得できそうな気がしますか？

でも、実際には、完全習得には半年から一年ほどかかる生徒の方がほとんどです。ですので、あなたも、それぐらいの時間はかかると覚悟して練習に励んでください。

英単語の中に出てくるすべての[s]と[ɚ]を、息の量や強さをコントロールしながら発音練習することは、ダンスのステップを習うのにも似ています。ダンスは単純なステップから始めて、複雑なステップまで習得しますね。手順を頭で覚えても、それだけではダメ。体が美しく動くようになるためには、相当な練習が必要です。

[s]と[ɚ]も、発音が簡単な単語に出てくる場合から、難しい単語に含まれる場合まで、どのような音の組み合わせでも正しく発音できるようになるには、長期間の練習が必要となるのです。

●子音は[s]の習得がカギ

さて、私が『英語耳』シリーズで提唱しているのは、最初に徹底的に練習すべき子音は、

[s] だ、ということです。

「いや、[s] の発音ぐらい、もうできてるよ！」と多くの日本人が考えていますが、実は九十九％の人がうまく発音できていません。

[s] の発音なんて容易だし、どうでもいい——というのは、多くの日本人が抱いている大きな誤解です。

「そんなバカな」という気持ちは一度忘れ、次の、[s] の発音にまつわる注意事項を読んでください。

①まず、[s] を単独で、大きな音で発音できる必要があります。「す」とはまったく違う音です。大きな [s] は、十メートル離れた人にも聞こえます。

②yes [jés], since [síns], place [pléis] などの語尾の [s] が、絶対に日本語の「す」になってはいけません。

③「さしすせそ」と [sa si su se so] は違います。特に、「し」と [si] はぜんぜん違う音です。she [ʃíː] と sea [síː] をはっきり区別して発音できなければいけません。

④ask [ǽsk], next [nékst] の [sk] [st] など、[s] と子音がつながる発音を体得せねばな

りません。

⑤ [s] を大きな音で発音したり、小さな音で発音したり、少ない息でも切れの良い音で発音したりと、ネイティブと同じくらい多彩に発音できねばなりません。

英会話の中の出現頻度が非常に高いこの [s] 音がきれいに発音できるようになると、あなたの発音全体ががぜん英語らしくなってきます。

そして [s] 音が正しく、強く発音できるようになると、英語の子音全般を発音する力が格段に伸びてきます。同じような口や舌の使い方が、他の発音にも応用できるからです。

ぜひ、ネット上の辞書や動画、スマホアプリ、『英語耳』『単語耳』シリーズなどを駆使して、[s] を含む英単語の「発音」をまずは重点的に、しっかり練習してみてください。

出現頻度の話を少しご紹介しますと、たとえば『改訂版　単語耳　レベル1』で扱っている、もっとも基礎的で使用頻度が高い千単語のうち、実に二百七十単語に [s] の発音が含まれています。四つに一つ以上の割合です。

つまり [s] を含む英単語の発音練習をするうちに、英語でもっともよく耳にする子音の発音法が最短で身につくのです。

[s] 音で始まる語も、英単語の中で一番多く、その割合は全体の十三％ほどです。『改訂版単語耳　レベル1』の基本千語のうち、[s] で始まる単語は百三十一個あります。[s] で始まる単語を重点的に学習するだけで、八単語に一つの割合の単語が既知のものとなるのです。

さらに名詞の複数形にはｓがつきます。さらに三人称単数現在形の動詞にもｓがつきます。したがって、[s] の発音を含む単語は、英会話で使用される単語の三割以上を占めると思われます。

日本人が [s] の発音を完全にマスターするには、通常なら一年の練習が必要です。その理由は、[s] の発音には、非常に強い息が必要となるのに加えて、他の音とさまざまに組み合わされて使われるからです。日本語では、[s] は、さ [sa]、す [su]、せ [se]、そ [so] の四種だけですが（し [ʃi] は、[s] 音を使いません）、これに対して英語の [s] に組み合わされる音は数十種類あります。

まず、[s] は単語の語頭、単語の中、そして語尾に使われます。さらに、アクセントがある部分については [s＋母音] の組み合わせが約十七種類、[s＋子音＋母音] の組み合わせが約四十二種類、[s＋子音＋子音＋母音] の組み合わせが約十四種類の計七十三種類ほどの組み合わせがあります。

単語のはじめや、単語内に出てくる [s] を使った音の組み合わせを、完全に息をコントロールしながら（[s]が文頭に来るか文末に来るかなどにより、息の量や使い方は驚くほど多彩に変化するのです！）発音できるようになるには一年はかかると心得ておいてください。日々の「[s]を含む英単語の発音練習」により、他の子音・母音も容易に習得可能になるので、「英語耳」獲得の日が一気に近づくレッスンだと思ってがんばりましょう。

[s]の発音は、日本人には無視されるか軽視されるかしがちですが、ネイティブは話すときも聞くときも[s]の音にかなり頼っています。それは前述のように[s]の発音が、英会話で使う単語全体の三十％に含まれているからです。

英語の発音でもっとも重要な[s]を軽視している限り、英語の発音とリスニングはマスターできません。逆に、[s]の発音をマスターすると、ネイティブの発音にかなり近づくので、ネイティブに喜ばれるとともに、リスニング力が一気に、目に見えて上がります。[r]と[l]の音を区別できることよりも、はるかに重要なのです（ちなみに、[r]と[l]を区別すべき場面は、英単語全体の一％以下と思われます）。

私は、ビジネスで、社内・社外で欧米人との英語の会議の司会を務めることが多かったのですが、その際に重要なのは、その場の日本人参加者に英語を話してもらって大丈夫かどうか、即座に判断することでした。それはもう毎回、真剣勝負でした。

ただ実は、すぐにそうした判断を下せる目安があります。それは、日本人の英語を聞いて、[s]がどこまでコントロールされているかを聞き取ることです。これで即座に、その人の発音の能力を判定できます。[s]のマスター具合と、英語全体を発音する能力は比例している、というのが私の持論です。

さて、「英語には、子音の数が二十三個あります（ただし、この数え方は学説や参考書によって若干変わります）」と聞くと「多い！」と思われるかもしれませんが、そのうちの八個と別の八個は、ほぼ同じ発音方法で、ノドをふるわせないか（無声音。例えば[s]）、ノドをふるわせるか（有声音。例えば[z]）が違うだけです。つまり二十三個のうち、十六個は実質八個分の労力で習得できます。と考えると、発音方法を覚えるべき子音の数は実質十五個なのです。

お手持ちの辞書などにはほとんどの場合、各子音・母音の発音法が掲載されているかと思いますので、それをよく踏まえて、ネイティブの発音をマネながら、それらを口と舌に慣れさせていくレッスンをくり返してください。

こうして英語特有の二十三個の子音を個別に発音できるようになると、子音が組み合わさった「音節」の発音も可能になります。

たとえば、ask [ǽsk] の [sk]、next [nékst] の [kst] などのように、英語では子音が二つ以上続く組み合わせが非常に多いのです。子音で終わる単語の次に来る単語の冒頭が子音の場合など、子音が四つも五つも続くケースも珍しくありません。たとえば、next street では、[nekststriːt] と六つも子音が連続します。

こうした連続する子音の発音に習熟していくと、発音がどんどん英語らしく変わっていきます。後述する YouGlish などの動画を見ながら、ネイティブの発音をマネて、しっかり練習しましょう。

そしてこのように子音が連続する場合は、たいてい [s] 音が入っています。よって [s] 音への習熟は、連続する子音の発音の上達にも直結しています。[s] 音の重要性を、再度強調しておきます。

●母音は [ɚ] [ɚː] の習得がカギ

[ɚː] は、bird [bɚ́ːd] などの単語に含まれます。日本語の発音にはまったく存在しない音なので、日本人が苦手としている音です。しかし、英単語にはたくさん出てくるので、口と舌の筋肉を鍛え、安定して出せるよう徹底練習してください。

①アゴを「い」「え」の中間ぐらいに開いて、舌の奥を口の奥の天井近くに持ちあげたまま「アー」とうなるように発音します。日本語の母音にはない舌の動きを使います。

②[ɚː]は、ir, ur, er のスペルに対応する音です。bird [bɚ́ːd], curve [kɚ́ːv], serve [sɚ́ːv] など、英単語ではたくさん使われています。どういった単語に含まれているか、今後注意してみましょう。

③英単語中の r のほとんどが [ɚ] の発音になります。red のように、純粋な [r] で発音される文字 r は実は少数派です。以下、[ɚ] と発音する r を含む単語の一例です。

air [éɚ], care [kéɚ], there [ðéɚ]：[eɚ] の発音になる

here [híɚ], near [níɚ], clear [klíɚ]：[iɚ] の発音になる

car [kɑ́ɚ], hard [hɑ́ɚd], park [pɑ́ɚk]：[ɑɚ] の発音になる

four [fɔ́ɚ], door [dɔ́ɚ], more [mɔ́ɚ]：[ɔɚ] の発音になる

④純粋な [r] の発音は、実は [ɚ] で発音してOKです。red [réd] は [ɚréd] と発音してもほぼ [réd] と同じ発音になります。[réd] は唇を丸くして舌先を [ɚ] よりも奥に入れたところから発音を始めます。

要するに、[ɚ] が発音可能になると、[r] も簡単に発音できるのです。

⑤スペルの r は単語の初めよりも（例：red）、単語の中にあることが多いです。たとえば tree [triː], price [prais] のように [子音＋r＋母音] の数のほうが多いのです。この [r] の部分の発音をするためには、[tr] [pr] の二つの音がまるで一つの音につながっているかのようなイメージで発音します。

⑥ [r] の発音は以上のように、英単語の中のどこにあっても、それぞれ正しく発音できることが肝心です。それには、[ɚ] の発音練習がもっとも効果的です。[ɚ] の発音ができると、[r] の発音もできるからです。

ステップ二　音節（子音・母音の組み合わせ）と単語の発音方法の習得

子音・母音の単独音を発音できることは、「英語耳」獲得の必須の前提です。ただ、もう一歩進めて、子音・母音を複数組み合わせたひとまとまりの音（音節=syllable《シラブル》）が発音可能になると、どのような英単語も発音でき、実践力が身につきます。

このことを「カナ」と「英語の音節」を比較しながら解説しましょう。そして、英語の音節を簡単かつ実用的に利用する方法を考えてみます。

●音節とは？

日本語は「カナ」が音節の一単位です。たとえば、「あかさたな」は、[a] [ka] [sa] [ta] [na] という五つの音節です。「あいうえお」という母音以外は、「子音＋母音」で一音節です。日本人は、このワンパターンに慣れています。

これに対し、英語の一音節は、母音一つとそれを取り囲む子音で構成されます。よってパターンはより多く、複雑ですが、とても重要なので、簡単に説明してみましょう。

辞書を引くと、見出し語は、音節で区切られて表記されています。たとえば、become は be·come [bikʌ́m] のように、[bi] と [kʌ́m] が中黒（・）で区切られているので二音節単語です。[bi] は「子音＋母音」、[kʌ́m] は「子音＋母音＋子音」の三文字で一音節です。

一音節は、一拍（拍手一回分）で発音します。たとえば「成る」は、「な」と「る」が一拍ずつで、合計二拍（拍手二回分）です。be·come も、[bi] と [kʌ́m] を二拍で発音します。英語の場合はアクセントのある部分の [kʌ́m] がずいぶん長く発音されるので、〇・五拍と一・五拍で合計二拍のイメージです。ここまでは簡単ですね？

やっかいなのは、たとえば strength（体力）が一音節であることです。アルファベットが八つもあるのに、です！　なぜかと言うと、母音が一つだからです。英語にはこうした一音節単語が約四千語あると言われています。日本語のカナの五十音よりもはるかに多いのです。

これら一音節単語は一拍で発音されます。strength [stréŋ(k)θ] には、発音記号を数えると六個（[k] も入れると七個）の音があります。これを一拍で発音しなければいけないのです。

日本語は最長の一拍が [a] [ka] [sa] [ta] [na] のようなカナですが、同じ一拍で六個の音を発音するのが英語なのです。種類も多いですし、口を動かす量もはるかに多いので、やっかいと言えます。

●音節の発音を我がものにする方法

英語の音節に注目すると、単語を特定するのに重要な役割をしているのは、母音の手前の音だとわかります。逆に母音よりも後の子音は、弱く発音するか、音が消えてしまいます。たとえば、strength [stréŋ(k)θ] は、[stre] の部分を強くはっきり言い、後ろの [ŋ(k)θ] は軽く弱く添えるだけです。

ですので、**「英語の音節は、母音のところまでを〝ひとかたまりの音〟と考えて発音すべし」**と提案したいと思います。母音までを「一つのカナ」のイメージで、いっきに発音するわけです。

たとえば、「ナ」を日本人は一つの音と考えています。いちいち[n][a]という二つの音に分解して発音はしていません。同じように[stre]をネイティブは一つの「カナ」、つまり一つの音と感じているフシがあります。

[stre]までを一つの音のかたまりと考えて発音し、[s]を添えるとstress（圧力）、[ŋ(k)θ]を添えるとstrength、[tʃ]を添えるとstretch（広がり）とイメージしているのです。

つまり英語の発音では、[stre]のような音のかたまりをなめらかにネイティブらしく発音できれば、あとは弱く音を添えるだけで、どんな単語でも発音可能になると言えます。

●音節の新しい練習方法

[stre]のような音のかたまりを「カナ」に相当する発音単位と考えて発音練習すると、英語の発音とリスニングの実力がいきなりワンランク上昇します。そして、ありがたいことに、この練習は比較的単純な音の組み合わせでできるのです。

英語で、[stre]のような音のかたまりを数えてみると、その数は五百音程度です。この五百音程度（私の手法では五十六パターンに集約できる）の子音・母音の組み合わせが発音可能になると、英単語全部を発音できることは再三述べてきたとおりです。

●「カナ」に相当する英語の「カナもどき」

たとえば、[ste]という音を、[s][t][e]というバラバラの三つの音と捉《とら》えていると、いつまでたっても英語を高速処理できません。[ste]を一つの「カナもどき」と考えて、脳に入れましょう。

たとえば〝[ste]という英語の音が聞こえたら、使われている単語は、step **[ste]**[p]（歩み）、steady **[ste]**[di]（固定した〜）、steadily **[ste]**[dali]（動かないで〜）、instead [in]**[ste]**[d]（代わりに）の四単語だけだ〟というつながりが、あなたの脳の中で確立していれば、リスニングの際の高速先読み処理が可能になります。

こういった回路を脳内に一度確立し、クセにできれば、英語の学習がより容易に、そして加速度的にはかどるわけです。最初にまず「発音」を習得しましょう、と私が提唱する理由です。

このように、文章を構成する一つらなりの音から、「音節」を利用して単語を切り出すことこそ、リスニングの本質です。

ですので、英単語を覚える際には、辞書などではしばしば中黒（・）記号で区切られている「音節」単位での発音を意識して、発音練習をしてください。

最近は、ネット上の英和辞典やスマホアプリなどでも、ネイティブの英単語の発音を聞けるケースが多いと思いますので、その発音をそっくりマネて実際に声に出す練習を、とりわけ「アクセントのある音節」に注意して日々、実践しましょう。

ステップ三　文の発音の習得

こうして「アクセントのある音節」の発音に次第に習熟していき、ネイティブのしゃべる英文の中の「アクセントのある音節」に気づけるようになってきたら、次に意識するべきは、複数の単語をつなげた英文を自分で発音することです。

自分で発音できるようになると、その一・五倍速で話されてもリスニングが可能になります。

ここから述べていくステップ三とステップ四では、YouGlishやTED、YouTubeなどのウェブサイトで聞けるネイティブが話している動画や、あなたが好きな洋画、英語のペーパーバック（その使い方は後述）、ラジオ素材などが使えると思います。もちろん、『改訂3版　英語耳』（付属CDに英語の短文音声や朗読などを収録）や、『15時間で速習　英語耳』（付属CDに必須千六百六十語をちりばめた高速な百五十セットの英文音声を収録）を使用するのも、特に初中級者の方にはたいへん効果的です。

とにかく、自分のレベルや好みに合う英文を見つけて、副教材にして練習してみてください。

●ネイティブが聞き取る〜その頭の中をスロー再生すると

さて、たとえば、

Oh God! If you cannot make me thin, make my friends fat.

という英文を、英語をまったく知らない日本人が聞いたら、

Ooggoo iijjuuukanntmmeeekkmssn meeekkmaahheezzhha

のように、わけのわからない音の連続としか思えないでしょう。

特に、ネイティブが自然な速さで話したら、仮にすべての単語を知っていても、聞き取れる日本人はぐっと少数になります。

ではどうしたら、同時進行（リアルタイム）で聞き取れるのでしょうか？

英会話の文章は、実はほとんど区切り無く続く連続した音です。文章の切れ目や、息継ぎのところで、少し音がとぎれるだけです。例文の音声は以下のようにつながります。

Ifyoucannotmakemethin, makemyfriendsfat.

ネイティブはどうしてこれを、高速に発音されても、

If you cannot make me thin, make my friends fat.

と聞き取れるのでしょう？

ネイティブにとっては、どれもよく知っている単語で、何万回も聞いたことがあるから聞き取れるのは当然なのですが、どういうメカニズムで、連続した音の中から個々の英単語を切り分けて聞き取れるのか、不思議ではありませんか？

これら十個の英単語は全部知っているとしても（make は重複して出てきますが二個と数えます）、音声としては、（thin の後ろで少し途切れますが、それ以外は）全部つながって話され

ているのに……。

ここで、少しネイティブの頭の中を超スローモーションで再生してみましょう。

Ifyoucannotmakemethin の最初の部分は Ifyou です。これは必ず聞き取れます。なぜなら、If で始まる単語は数万語の中でも一つしかないからです。

If が聞き取れると次の音を推測することになります。次には主語が来ると経験的にわかっていますので、Ifyou と音がつながっていても、you は数百万回も聞いているので、If you とばらけて聞き取れるはずです。

you に関しては、あまりに聞いた頻度が高いので、文のどこにあっても、ネイティブは聞き取れます。ですから、you はとても弱く、時間も短く発音されます。日本人が意外と聞き落としやすいのはこのためです。

次に [kæn] が続きます。この音は少し強く発音されるので音が記憶に残ります。cannot の not の部分は通常、あいまいに発音されるので、たぶん cannot だと思いながら [kænxxx] と記憶しておきます。

このとき、ただの can は候補から落とされます。なぜならば、can だとしたらかなり弱い発音の [kən] になるはずだからです。はっきり [kæn] と聞こえていて、そのうしろに not

の省略形らしい音がかすかに付いているので can はありえないのです。

横道にそれますが、日本人が I can make it. のように肯定文で can を使っても、ネイティブは cannot とよく勘違いします。理由は、日本人が、can を強い [kæn] で発音してしまうからです。ネイティブは強い [kæn] で cannot を、弱い [kən] で can を第一候補として脳内で検索しています。

横道ついでに。日本人がアメリカのマクドナルドでコーヒーを注文すると、しばしばコカ・コーラが出てきます。これもネイティブが「アクセントのある音節」を重視して聞き取りをしている証拠の一つです。

coffee [kɔ́ːfi] の [ɔː] は、日本語にはない母音です。口の奥を広げてよく響かせた一定に続く力強い発音です。いっぽう日本語の「オー」の発音は、英語の二重母音 [ou] に似た響きを持っています。

Coke は [kouk] なので、日本語の「コーヒー」の「コー」のところをネイティブは [kou] と聞き取り、勘違いをするのです。概して日本人の [fi] の発音は弱いので、なおさらです。

会社の同僚たちには「発音で勝負しないで、関連の説明を足す」方法をアドバイスしていました。Coffee with cream とか Coffee with sugar と言う方法です。これですと、あきらかにCokeではありえない組み合わせなので、店員が気づいてくれます。

問題の英文に戻りましょう。次に聞こえてくるのは、cannotmakeのmakeの部分です。動詞のmakeは「超基本動詞」です。単なる動詞ではなくて、超がつく基本動詞です。つまり、日常会話で頻繁に出てくる動詞です。

この文章は、makeが聞き取れればネイティブは全体の構造を理解できます。そう知っているので、話者は聞き手がmakeを必ず聞き取れるように発音します。makemeは続けて言っても聞き取ってもらえるので、続けて発音するかもしれません。

meの部分はとても弱く発音されますが、makeのあとに続くので、必ず聞き取ってもらえます。makemeの音の組み合わせはmake meしかありえないからです。ネイティブはmakeやmakemeを数百万回も聞いています。完全に慣れているので、聞き取れます。でも日本人は、ネイティブのmeの発音がとても弱いので、聞き落としがちです。

make meがわかると、If you [kænxxx] make meの[kænxxx]と記憶された部分は、cannotにはっきり特定されます（たいていはその前にcannotとネイティブは聞き分けていますが）。

さて、超基本動詞makeの基本となる働きは、「状態を変える」という意味を英文に与えることです。ネイティブが makeme と聞いたときには、me つまり「私」の状態をどのように変えるのかを期待しながら次の単語を待ち構えることになります。

その後、話し手は thin を相手に伝えたいので、ややはっきりと thin を発音するでしょう。thin [θín] と同じ音を持つ単語も数が限られています。数万語の中でも数個しかありません。よく使われるのは thin [θín]（薄い）, think [θíŋk]（考える）, thing [θíŋ]（物）の三つだけです。いい加減に thin が発音されたとしても、think, thing とは間違えません。音の長さ、タイム感が違うからです。

重要なのは、thi [θi] がはっきりと発音され、はっきりと聞き取られることです。しかし、日本人がカナの「シ」でこの音を記憶しているだけだと、聞き漏らす可能性が高くなります。実際には、thin は、相当にはっきりと強く発音されます。逆に代名詞 you, me, 冠詞 a, the は普通、ほとんど聞こえないぐらいに弱く発音されます。英語では、こうした強弱がとても大切です。

このような強弱がついた音の流れを**プロソディ**（**Prosody**）と言うわけです。

英語では、「一つ一つの英単語の発音」以上に、「複数の英単語をどのような強弱やスピードで発音するのか」というプロソディのほうが重要なのです。日本人は英語のプロソディに沿って発音することが苦手ですが、このプロソディが習得できると、発音もリスニングも劇的に向上します。

ここまでで、聞き手は、If you cannot make me thin を聞き取れました。意味も「もしも私の体形をスリムにできないのならば」と把握されます。

次に make という発音がふたたび現われます。聞いている人は「おや？」と思って推測を始めます。「If で始まっているので、If はこの場合、接続詞だ。一つの文は thin で終わったのだ。そうするともう一つ文が来る。その文は make をもとに構成される。超基本動詞 make の使われ方は、対比上、make me thin と似た使い方ではないか。たぶん make の後ろには人が来るのでは？」と瞬時に推測します。

ここで make を聞き逃す可能性はゼロです。make の発音で始まる単語は、何万語という英語の中でも make かその熟語か、make が語尾変化した maker などだけだからです。

次の myfriends の発音は [maifrendz] ですが、[ma…fre] が聞き取れれば、my friend とわかります。複数の友人なので語尾の [dz] がわずかに発音されるはずですが、ほとんど音が無くてもだいたい複数だなとわかります。それは文脈から、特定の個人のことを言っているのではないと推測がつくからです。

さて、make のあとに人が出てきたので、聞き手は my friends の状態をどう変えるのかを期待しながら次の音を待ち受けます。

次の音は fat [fæt] です。この発音も [t] が落ちて [fæ] だけ発音されていても fat と聞き取ることができます。

それは [fæ] と発音される単語は fat [fæt]（太った）か fan [fæn]（うちわ）ぐらいに限られているからです。脳内の辞書を検索したときに、fat か fan の中から fat が選ばれます。なぜならば、その前に thin があるので、「thin やせた」「fat 太った」が対応するのだろう、とわかるからです。

このような聞き取りの流れが、リアルタイムで、一瞬のうちに行なわれて、

If you cannot make me thin, make my friends fat.

という文が理解されます。

全体で、「ああ、神様！　もしも私をスリムにできないのなら、私の友人たちを太らせて」という意味ですね。

●プロソディとスピード

以上、長くなりましたが、たった一つの英文を聞き取るためにも、さまざまな知識と推測が無意識のうちに駆使されているとおわかりいただけたと思います。

さて、先に〝プロソディが習得できると、発音もリスニングも劇的に向上する〟と書きましたが、プロソディとは、要は「英文を構成する子音・母音の強弱と、単語の発音スピード」のことです。

ここでいうスピードとは、会話のスピードではなく、文中の**単語それぞれを発音するスピード**のことです。日本語のカナはどの文字も同じスピードで話されます。早口になるとカナを話す間隔は同じ比率で短くなります。

これに対し、英語では、文中の単語がすべて同じスピードで話されることはまずありません。代名詞 you, me, my や、冠詞 a, the は弱く話されていて、その発音時間も短いのです。強く発音される単語や音節は、発音時間もより長くなっています。

こうした話し方全体を、プロソディと呼ぶわけです。ネイティブが早口の英語を理解できるのは、リスニングの際、プロソディにかなり頼っているからと思われます。

日本人もこのプロソディを自分の口で再現できるようになると、途端にどんなに早口で話されても内容についていけるようになります。

つまり、ゆっくりでも良いので、プロソディに沿った発音の習得を先に行ない、そのあとで発音スピードを上げていけば良いのです。

第一章で、読書を「目で聞く」体験にしよう、とお話ししました。

みなさん、日本語の本を読むときには、頭の中では無意識に音が鳴っているはずです。最終的には、音で意味を理解しているはずです。

本書の提示するメソッドでレッスンすれば、英語の読書の際にも、正しい音がプロソディにのっとって鳴り響く日が必ず来ます。

先ほど、If you cannot make me thin, make my friends fat. を、ネイティブがどう聞き取っているのか、少し詳しく解説しましたが、そうした頭の使い方は、高速で読書しているときにも全く同じようになされています。

英語の文章を目で見たときに脳内でプロソディが再現されると、洋書を速く読めるようになるのです。

ネイティブに英単語を〝均等のスピードで〟ゆっくり発音してもらうと、ほとんどの日本人が聞き取れます。

次に、こんどは同じゆっくりなスピードでも、ネイティブの心地よいプロソディで発音してもらうと、多くの日本人は途端に聞き取れなくなってしまいます。

日本語には日本語のプロソディがあり、英語には英語のプロソディがあります。**英語に日本語のプロソディを期待している間は、英語の聞き取りはうまくはできないわけです。**

英語のプロソディをいったん習得すると、日本語と同じ速度で洋書を読めるようになります。英語で考えるときは英語のプロソディで、日本語で考えるときには日本語のプロソディで考えられるようになります。

そうなったときが、「完全な英語耳」獲得のときだと思ってください。

●単語の音は、すべてつながっている

ちなみに、ネイティブは、〝均等に〟〝単語ごとに区切って〟英文を発音するのが苦手なようです。それはちょうど日本人に向かって、「〝レッスン〟の〝レ〟と〝ッ〟を区切って発音して」とお願いするのに近い感覚なのかもしれません。

この例からわかるように、「英文では、単語が一つ一つ分離されて発音されてはいない」

のです。実は「単語の音は全部つながって発音されている」のです。

そう認識を改めると、あなたの発音はいっきにネイティブの発音に近くなっていきます。単語の音がつながることを前提にすると、英語の音の変化が自然に受け入れられ、リスニング能力が飛躍的に向上します。

英単語単位の発音や聞き取りならできるのに、英文を速くしゃべられると聞き取れなくなる。知っている単語だけで話されているのに、どうして聞き取れないのだろう？

その主な理由は、日本人が英単語から想像する発音が、文中ではプロソディによって変化するからです。

「そうした変化を習得するのはたいへんそう……」

そういうご心配は、不要です。実は、基本的な音の変化の原理は三つしかないので、習得はとても容易だからです。

その三つとは以下のルールです。

①英単語冒頭の母音は、直前の単語の最後の子音につなげて発音される。

②同じ子音が連続するときは、二つの音が一つになろうとする。一つ目の音は非常に弱く

発音されるか、まったく発音されなくなり、二つ目の音だけが発音されるように感じる。ただし、一つ目の子音が発音される時間的な間《ま》だけは必ず残る。

③英単語の語尾の子音は、発音を省略される。特に破裂音（息を少しためた後、一気に息を解放して出す音。[p] [t] [k] など）についてはそれが顕著である。

①と②については、ここから詳しく解説してみましょう。

①語尾の子音に、次の英単語の母音がつながる

Take it easy. が、説明しやすい例です。発音は単語がすべてつながり、Takeiteasy [teikitiːzi] となります。日本人はこれを相手に誤解無く伝えようと単語で区切って [teik it iːzi] と発音したりしますが、そのように発音するとかえって伝わりにくくなります。発音記号をただ全部くっつけた [teikitiːzi] をそのまますなおに発音しましょう（あえてカタカナで書くと「テイキティーズィ」のような発音になるはずです）。

同様に **Check it out.** も、発音記号をつなげた [ʧekitaut] をそのまま発音します。すると自然、[ki] が「キ」、[tau] が「タウ」に近い発音になります。

以下も、発音するときには複数の単語という意識を無くし、自然につながった音で発音してみてください。

You did it again. [judiditəgen]
Talk about you. [tɔːkəbautjuː]
Thank you. [θæŋkjuː]
Get up. [getəp]
Get out. [getaut]

母音で始まる英単語は、使用頻度の高い前置詞をはじめ、実にたくさんあります。これらの音を「自然につなげる」発音練習を十分にしてください。意識せず、自然に発音できるようになると、もともとつながって発音されているネイティブの話す英文を、驚くほど聞き取りやすくなります。

②同じ子音が連続するときは二つの音を一つで済まそうとする

Take care. [teik keɚ] の場合、単語の間で [k] の音が連続します。つまり、普通に考えると [teikkeɚ] という [k] が二つ続く発音になります。この場合は [kk] を同じ強さで発音してはいけません。省力化された一音[k]ですませましょう。

英語の子音には、破裂音[p][b][t][d][k][g]があります。破裂音とは「息を蓄えてから、パッと解放するとき出る音」です。破裂音では、息をたくさん使いますし、音が途切れるので、音の連続性が損なわれます。

[teikkeɚ]と発音すると、[k]と[k]の間で息のつながりが途切れます。そこで[tei(k)keɚ]のように(k)の部分をほとんど発音しないで、時間的な間《ま》だけが残されるような発音がなされます。

これも音をできるだけなめらかにつなげて発音しようとするときに自然に行なわれる変更です。「自然に」を心がけましょう。以下、他の例です(これらの発音は、『改訂3版　英語耳』の付属CDにすべて収録されています。お手持ちの方は、ここで改めて練習してみましょう。ちなみに同書の付属CDの中身は、子音・母音個々の発音を初心者用に強調して収録したレッスン音声がメインです)。

Take care. [tei(k)keɚ]
get to [ge(t)tu]
next to [neks(t)tu]

at times [a(t)taimz]

破裂音は、[p]と[b]、[t]と[d]、[k]と[g]がペアの音になっています。ペア同士では、口や息の使い方、発音方法が同じですが、無声（のどをふるわせないで出す音。[p][t][k]）にするか、有声（のどをふるわせて声を出す音。[b][d][g]）にするかが違っています。

これらのペアが英単語の前後でつながると、Take careの[kk]のように、一つの音で済まそうとして発音されます。たとえばget downは[ge(t)daun]のように(t)がほとんど発音されなくなるのです。

これらの組み合わせも、実際の英文の中にたくさん出てきます。以下は例です。

get down [ge(t)daun]
write down [rai(t)daun]
send to [sen(d)tu]

子音の摩擦音が続いたときも同様の現象が起きます。摩擦音のペアには[s][z]、[ʃ][ʒ]、

[f] [v]、[θ] [ð] などがあります。要するに同じか、似たような口の使い方をする子音がつながった場合には、できるだけ一つの音で済ませればいいのです。

たとえば、have fun [ha(v)fʌn] は、[v] でいったん息を切ることをしないで、一息でつづけて [f] も発音します。口の形は動かさないで [vf] を一息で発音しましょう。

このようなことが「自然に」できるようになると、英語らしい発音ができるようになり、聞き取り能力も格段に上がります。

●英文の発音の仕方

長くなったので、ここで、「ステップ三　文の発音の習得」の話をまとめます。

まず、英語を話すときは、**聞き手が文章を理解するキーとなる「アクセントのある音節」をしっかり発音する**こと。日本語のように全部の子音・母音を均一にはっきり発音されると、ネイティブにとっては迷惑なのです。いつもやっている「アクセントのある音節を頼りに、脳内検索して単語を特定する作業」を行なえなくなるからです。

アクセントをつけるところは強くはっきりと発音し、弱く発音するところは、それなりに弱く発音しましょう。そのほうがネイティブに親切です。

このアクセントの付け方やイントネーション、発音するスピードの緩急などを全部ひっくるめた発音の特徴を「**プロソディ**」と呼ぶのでした。

各国語それぞれが特有のプロソディを持っています。日本語のプロソディは、カナをすべて均一な速度で発音する比較的フラットな発音の調子になっています。いっぽう英語のプロソディは、アクセントを中心に強弱や省略などがはっきりしています。

こうしたプロソディの違いから「日本語は小声でぼそぼそ話しても伝わる言語だが、英語ははっきりと強弱をつけて、息を強く吐かないと伝わらない言語だ」と言うネイティブの方もいるのでしたね。

日本人が日本語のプロソディに乗せて英語を発音すると、英米人は、日本語が話されているのだろうと誤解しがちです。中国人が中国語のプロソディで英語を話した場合、我々がそれを中国語かな？　と思うのと同じことです。

英語の発音というと、「子音・母音を正確に発音すれば良いのでしょう？」という人がいますが、それではまだまだ不足なのです。

ステップ四　長い文章の発音の習得（Parrot効果とシャドウイング）

●オウム（Parrot《パロット》）効果（Parrot's Law）

昔、鳥のオウムをしゃべらせる調教師の話をテレビで見ました。この話は私に強烈なインパクトを与えました。

まず、「オウムに一言目を教えるのには、**同じ音を二千回くり返す**」という話に感心しました。たとえばオウムが「おはよう」と言えるようになるには、「おはよう」を二千回もくり返し聞かせる必要があるわけです。すごく根気のいる作業です。

しかしもっとインパクトがあったのは、その次の**二言目の言葉は二百回で覚える**というくだりでした。たとえば「おはよう」を覚えた後は、「こんばんは」を二百回聞かせるだけで、オウムは「こんばんは」としゃべってくれる、というのです。

鳥にできるのならば人間はもっとできるだろう、と勇気付けられて英語のリスニングに励んだものでした。

当時の私は大学を卒業する頃で、すでに英語の歌は初めて聞いてもある程度は意味がわかるようになっていました。中学、高校のときに歌を録音して百回ぐらい聞いて音を覚え、意味がわからなくても一緒に歌っていた効果でしょう。

オウムの調教の話を聞いた後、改めて私が選んだ題材は、ＦＭラジオから録音した二十分程度の英語ナレーションでした。「Non verbal communication」（言葉によらないコミュニケーション）について男性の話者が話している内容です。この録音テープを毎日聞き続けてみたのです。

当時は**シャドウイング**（テキストを見ずに、ネイティブの発音に少し遅れてついて自分もそっくりに発音する練習方法／後述）を知らなかったので、ただひたすら聞き続けたものです。すると、最初は半分も英単語を聞き取れませんでしたが、回数を重ねるうちに次第にいくつかの単語が聞き取れだしました。続いて、その聞き取れる英単語を中心に、その前後の英単語もわかるようになり、百回目には、ほぼ全部がわかるようになったのです。

今から思えば、百回もくり返せば効果はあるに決まっていますが、このときは、内容が面白いものを選んだことも良かったと思います。

果たして、自分に起きたリスニングの進歩は劇的でした。それ以降、ラジオやテレビや洋画の英語がかなりはっきりと聞き取れるようになったからです。言っていることはまだ全部はわかりませんでしたが、その原因は、発音練習を行わなかったことと英語を理解するスピードと語彙力がまだ十分ではなかったことのせいだ、と今ではわかります。

当時の私は、「リスニングは、いろいろな話し手が、さまざまな分野の話題について話すのを、〝たくさん〟聞くことでようやく習得できるのだろう」と考えていました。

ところが同じ英文を百回以上くり返し聞いた経験を経てからは、「一つの英文をひたすらくり返して聞く一点突破式のほうが、短時間でかなりのレベルに達することができるのだ」と考えを改めました。

一人の話者が自分の興味ある題材で話していることをくり返し聞いて、さらにそれをマネて発音することでリスニング力をどんどん高めておくと、ほかの話者の言うことも、その高めたレベルで聞き取れるのです。これを**Parrot《パロット》効果**と私は呼んでいます。

全二十章ある英会話の音声を使って練習する場合、全二十章を各四～五回ずつ聞いても効果は薄いというのが私の発見です。むしろ、一章分だけでも、百回くり返して聞くほうがいい――これが一点突破式の考え方です。

Parrot効果を得られる、おすすめの練習方法を、具体的に述べましょう。

①まず、歌（なるべくスローな曲）をひたすらくり返して聞き、一緒に歌う。

②次に、三分ほどの会話をひたすらくり返して聞く。
③十〜十五分の会話をひたすらくり返して聞く。

一点突破の効果を出すために、①は三百回、②と③は百回ずつはくり返してください。

初めに歌を使うのは、私がそうしてきたこともありますが、スローなバラードなどは、会話よりも発音スピードが非常に遅いので、初心者の学習に適しているためです。

たいてい、一秒間に一〜五つぐらいの子音・母音が発音されるスピードですので、初心者でも十分についていけるでしょう。歌は好きな英語曲を選べばくり返し聞いても飽きません。

そして①では、以下の三つのことをそれぞれ百回をめどにくり返しましょう（右の②、③の練習でも、これと同じ三十回ほどのセットを三つこなして計百回ほど反復してください）。

A：百回は、ただひたすら歌に聞き入る。
B：次の百回は、歌詞を見ながら聞いて意味も理解。辞書を引いて発音記号を明らかにしておき、それも覚える。
C：最後の百回は、音楽と一緒に歌う。歌詞は完全に暗記する。

以上の計三百回で歌の「音」を完全に記憶でき、カラオケで歌えるようになります。これだけくり返して脳にすり込んだ「音」は一生消えません。

歌では使用単語数がそれほど多くなく、せいぜい二百～三百単語ですが、これだけでいろいろな種類の音節の発音練習ができるのです。

これで歌詞に出てきた単語はもちろんネイティブの発音で言えるようになりますが、驚くことに、そのほかの一般単語の発音にも良い影響が出てきます。

この①の課題曲は、個々人のお好きな洋楽で構いませんし、『改訂3版　英語耳』の付属CDに収録しているアメージング・グレイスを使うのもおすすめです。

次に「②三分ほどの会話をひたすらくり返して聞く」へ進むわけですが、その会話内容は、自分の好きな俳優や人物が、自分の興味ある話題について話しているものが最適です。語彙のレベルもやさしいほうが向いています（難しい語彙は、事前に辞書で意味や発音記号を調べておきましょう）。

会話ではたいてい一秒間に五～十もの音が発音されますが、スピードは自分が英語を理解できる速度よりも一～二割程度速いものがおすすめです。

なお、一気に③の十五分前後の会話のリスニングにストレス無く挑戦できる人は、この②の三分間の題材をスキップしてもかまいません。

英文は連続する音の流れとして聞こえ、単語単位で間隔があいたブツ切れの音には聞こえません。しかし、くり返し聞くことで、アクセントのある「音節」が耳に残り、次第に使用単語が浮き彫りになってきます。会話を二十～三十回もくり返し聞けば、これを誰でも自然と実感できるでしょう。

②の約三分の題材に関して、思いつくものがない方は、『改訂3版　英語耳』や『15時間で速習　英語耳』の付属CD収録の朗読や英会話文などで練習してみてください。

何回も聞いて、「自分の耳で」英単語を次第に切り出せるようになる過程で、英語の「音節」の発音が脳にすり込まれる効果も出てきます。

そのためには、最初の十回と最後の十回ほどはテキストを見ないで会話を聞くほうが良いでしょう。最初は不安でしょうが、自分を信じてください。オウムでもできるのです。あなたにも必ずできます。ちょうど卵のカラを破って雛《ひな》が出てくるように、脳内で変化が起こる日がきっと来ます。

●シャドウイング

前述の②③の英会話を使ったParrot《パロット》効果を得られる練習では、まず英語音声をテキストを見ないでただひたすら三十回ほど聞いて音に慣れます。次にテキストを見ながら三十回ほど聞いて、スペルと発音と意味を頭の中で結びつけます。そして最後に三十〜四十回ほど、シャドウイングをして自分でも発音をします。

①②③のそれぞれで発音をする練習を終えたら、あるいは発音練習が進んだと思えたら、第五章の「音声認識アプリの具体例とその活用法」の項を読んでいただき、ＡI音声認識を使って、ご自分の発音診断をしましょう。

発音練習をたくさんくり返すことで、音声認識に認識される率が高まっていき、やる気も継続しやすくなります。

先にも少し触れた**シャドウイング**とは、「**テキストを見ないで、ネイティブの発音に少し遅れてついて自分もそっくりに発音すること**」です。

シャドウイングができるようになると、英語の音声はなんでも教材になります。テレビのＣＮＮニュースでも、洋画でも、英会話の教材ＣＤでも、オーディオ・ブックでも、洋楽でも、です。

さらに学習レベルが進むと、シャドウイングをしながら初めて聞く英文がぜんぶ理解可能になります。

文章の発音練習には、このシャドウイングがとても効果的なのです。しかし、いきなりのシャドウイングは難しいでしょうから、最初は先の①～③のような Parrot 効果の流れにのっとっての練習をおすすめします。

Parrot 効果での各百～三百回の反復が終了すると、三分程度の会話素材でも、一点突破でリスニング能力が飛躍的に伸び、「完全な英語耳」の状態を体験できます。

そして一度でもこの状態を経験すると、その後の英語学習人生は大きく様変わりし、リスニング能力が格段に向上します。

その後は、自分のレベルに応じた「完全な英語耳」状態を作るために必要な素材や教材を、自力で本能的に選べるようになるでしょう。

さて、なぜシャドウイングには絶大な効果があるのでしょうか？

シャドウイングでは、テキストを見ないで、聞こえてきた音を一時記憶してから、一～二秒遅れで発音していきます。

いくつかの単語のかたまりを聞いてから、そのかたまりの単位で発音をしていくのです。

例を示しましょう。

Ifyoucannotmakemethin, makemyfriendsfat.

Ifyou cannotmakeme thin, makemyfriends fat.

いきなりのシャドウイングは難しいので、最初のうちはテキストを覚えてから行ないましょう。

練習では、ネイティブの音をきちんと聞き取って、そのまますなおにマネて発音することが肝心です。

ネイティブの音をきちんと聞き取らず、脳内に最初からあるカタカナの音に置き換えて、日本語のプロソディでシャドウイングを実行する人がとても多いのですが、それでは効果がありません。

きちんと、英語の子音・母音の発音をそっくりマネしながら実行してください。

すると、聞いた音の中から、Ifyouのような音節を切り出せるようになり、各単語を浮き彫りにできるようになります。

単語の発音、そして音節レベルの発音を記憶すれば、シャドウイングに絶対に有利になり、目ざましい効果をより早く得られるでしょう。

シャドウイングでは、自分が発音し始めたとき、話者はすでに次の言葉を話していますが、あなたは「それでは次の音が聞き取れない」と不安ではありませんか？

ところが、少し慣れれば、これが聞き取れるのです。

耳から入ってくる十～二十の音は、発音している間も脳にたまっていき、それをはき出す間にまた十～二十の音が脳内にたまっていきます（パソコンでいう、バッファ・メモリのような働きを脳がするわけです）。

子音や母音の音をためようとするとうまくいかないのですが、音節の[stɑ]や、よく出てくる熟語や前置詞句（後述）単位の音をセットでためられるようになると、聞き取りがすらすらできるようになります。

発音練習やシャドウイングの最終目標は、英語のプロソディ（強弱のつけ方やスピード感）の体得です。ですから、強さもそのままにマネてシャドウイングしましょう。

弱いところを勝手に強くしたり、明瞭にしたりして発音しないでください。プロソディに乗って発音できるようになると、ネイティブはあなたの英語を心地よく聞けるようになります。

シャドウイングに慣れてくると、プロソディに沿って「音のかたまり」が記憶可能になります。

「音のかたまり」とは、慣用句や前置詞句（in the park など、前置詞で始まる複数の語のまとまり）ばかりでなく、文章中にある基本動詞を中心とした単語の並びから来る強弱をも加味したひとまとまりの音のことです。

これらすべてを聞き取って、すなおにそのまま自分でも発音する——原理は簡単です。

そして先に、「読書を進めるごとに、リスニング力がどんどん上がる」という話を軽くしましたが、リスニングと読書とは、とても密接な関係にあります。

シャドウイングの練習によって、洋書の読書スピードを上げることもできるのです。

英語のプロソディに乗せて自分で英文を言えるようになると、英語のプロソディに乗せて読書が高速にできるようになるからです。

文章を速読しているときは、単語を適当にとばして読んでいます。全部文字ではっきり書かれているから、音が消えていくリスニングとは勝手が違うと思われるかもしれませんが、そうではないのです。読書の際も、リスニング時と同じように、重要なところはしっかり見ていますが、それ以外のスペルの部分は飛ばして読んでいるのです。

これを可能にするには、とにかく、英語の正しいプロソディの体得が必要です。

プロソディの体得を目指して、ぜひシャドウイングに励んでください。

最適な教材としては『15時間で速習　英語耳』のほかにも、TED (https://www.ted.com/) というサイトをおすすめします。

たとえば、同サイトで「Zander」で検索し、「Benjamin Zander: The transformative power of classical music」という動画を見つけて、まずは「日本語の字幕あり」で視聴してみてください。たいへん感動的な内容です。そうして全体の内容を把握した上で、「英語の字幕あり」に切り替えて、英語の字幕を見ながらシャドウイングしてみましょう。

他にも優れた動画が多い、英語学習者にとってはこれから長くお世話になるであろう好サイトです。

第三章　英語耳を完全にするために〜語彙編

英単語の効率的な覚え方

英語の音をすべて聞き取れるようになっても、語彙力《ごいりょく》が不足していれば意味を理解できない以上、「英語耳」は完全にはなりません。そして語彙力が十分になっても、英文解釈のスピードが会話の速度よりも遅ければ、完全に聞き取ることはできません。

ここからの第三章ではまず、前者への対策をご紹介していきます。

英単語には二つの異なる系統がある

実は、英語の語彙には二つの系統があります。英語は二つの言語が組み合わさってできているからです。

その二つとは、①**「本来の英語（OE：Old English）」**と、②**「ラテン語」**です。ちょうど日本語に、中国伝来の「漢字」と、日本独自の発明である「カナ」の二系統があるのと似た感じですね。

英語は、ラテン語の単語をどんどん取り入れ、本来の英語との二重構造になりました。この構造を知っておくと、語彙の習得がやりやすくなります。

英語は、もともとは紀元前から西暦一〇〇〇年頃までイングランドで話されていた言語です。当時の英語を「Old English」（略してOE）と言います。

いっぽう「ラテン語」は、ここでは本来のラテン語に、ラテン語を語源とするフランス語を加えたものを指します。この言語は、一〇六六年から約三百年間、イングランドの公用語でした。フランスの占領下にあったからです。

占領下において、英語の語彙は日常会話でこそ使われ続けますが、四千語程度まで数が減ってしまいます。そして三百年後、再び英語が公用語になったとき、数万語の語彙が「ラテン語」によって補われたままになったわけです。

ＡＬＣが選んだ一万二千語（SVL12000）で現在の英語の語彙を調べると、約二十三％がＯＥ系の単語で、約五十九％がラテン語系の単語、その他、フランス語系の単語が約十％、その他の外来語が八％ぐらいの割合です。おおざっぱに言うと、日本の中学校で習う単語がＯＥ系で、高校以降に習う単語がラテン語系の単語です。

すべての英文は、おおまかに言うと、ＯＥ系の単語で構文を作り、ラテン語系の単語で多様性を生み出す構造になっています。ＯＥの動詞が、英文法を作り出していると言ってもいいでしょう。たとえば、

I'll make a reservation.（私は予約します）

では、reservation がラテン語系で、そのほかはＯＥ系の単語です。

I'll make a decision.（私は決断します）

では、decisionだけがラテン語系です。

He'll make an excuse.（彼は言い訳をするでしょう）

では、excuseだけがラテン語系です。

日本人は、ネイティブに比べ、ラテン語系の動詞を使って英文を形作ろうとする傾向が強いようです。たとえば、前述のように基本動詞を使う代わりに、次のように難しい（ラテン語系の）動詞を使う傾向にあります。

I'll reserve a table.（私はテーブルを予約します）

I'll decide.（私は決断します）

I'll excuse him.（私は彼を許します）

これに対し、OE系の動詞（have, get, give, make, take, doなど）を使うと、文をワンパターン化できます。I make... などの一つのパターン（ここではSVOの第三文型）に、さまざまな目的語（O）をあてはめていくことで、多彩な表現を実現していけます。

いっぽうラテン語系の動詞を使うと、パターンに乗らないので、少し頭を使う必要が出てきます。よって口語では、OE系の動詞を使ったパターンが好まれます。

ラテン語系の単語は、英語にとってはいわば外来語です。ネイティブが会話で使う語彙は、文の中心になる動詞がＯＥ、その目的語や形容詞、副詞がラテン語系になるのが一般的です。

①本来の英語（ＯＥ）系単語の特徴

ＯＥ系の動詞（have, get, give, make, take, do など）は、ラテン語系の動詞とまったく性質が異なります。

これらの動詞は、日本語の動詞に比べ、信じられないほど守備範囲が広いことが特徴です。たとえば、have や get, make の使われ方をいちいち一対一の日本語訳で置き換えようとすると、それぞれ数十の訳が必要になります。have は「ある状態を有する」、get は「ある状態になる」、make は「(がんばって) ある状態に変える」など、動詞の意味をより広い概念で捉《とら》えておきましょう。

ＯＥ系の単語には、接頭辞や語根《ごこん》(単語の基本をなす部分で、単語を構成する最小の単位) など意味を推測させる部分がスペルに無いので、最初の習得はやや難しくなっています (使用頻度が多いので、すぐに頭には入ってしまうでしょうが)。またＯＥ系の動詞は、get-got-gotten など不規則な過去形、過去分詞形といった変化を見せがちなことも特徴です。

ＯＥ系の動詞が使いこなせるようになれば、英語の基本はマスターしたと言えます。

②ラテン語系の単語の特徴

いっぽう、ラテン語系の単語（appoint, reserve, restore, install など）は、動詞も含めて日本人には理解しやすいと思います。単語の意味の守備範囲が狭いので、日本語訳とほぼ一対一で意味が対応するからです（だからこそ日本人はすぐラテン語系の動詞を思いつき、使いたがるのでしょう）。

ラテン語系の単語は、接頭辞と語根の組み合わせで単語数を増やしてきた歴史があります。語根が一緒の単語は、その基本イメージが一緒なので、意味を連想しやすいというメリットがあります。

ちょうど漢字の偏が、「木偏」は木に関連するもの、「さんずい」は水に関連するもの、という共通イメージを持っていることに似ています。脳に優しいのです。

語根を使った単語暗記が有効なのは、ラテン語系の単語のみです。

数が多いので、語源に関する参考書や、拙著『単語耳』シリーズ三巻目、四巻目の実践編Lv.３&４でご紹介する語根の知識を活用して英単語を暗記していくと良いでしょう。もちろん、私と仲間が運営するサイト「語源の広場」（後述）の活用もおすすめです。

○Ｅ系の動詞・攻略法

ここで、ＯＥ系の超基本動詞の攻略方法を「make」を例に、考えてみましょう。

●make の具体的な使い方

英和辞典で make を引くと、たくさんの意味と例文が出てきます。しかし、その全部の意味を端から覚えようとするのは非効率的です。

make は「（がんばって）状態を変える」という場面ならどんなところでも使える動詞です。それに対し、日本語訳は「作る」「急いで進む」「物まねする」などと細分化されています。make の守備範囲はとても広いので、日本語訳とは一対一で対応しないのです。

make の個別の訳にとらわれず、その言葉の持つイメージをしっかり把握して、その都度、日本語訳を変えるべきです。

ＯＥ系の動詞の守備範囲の広さについて、一つの例を理解できれば、他の動詞もマスターが容易になります。

ですので、ここでmakeを徹底的に分析し、makeをとおして英語の本質を身につけましょう。

そして、ＯＥ系の超基本動詞がどんな「型」の英文を作るか脳にすり込み、英文を頭からスピーディに理解していけるようになりましょう。

さて、「（がんばって）状態を変える」makeが変える対象は、以下の三種類があります。

（1）「物」の状態を変える

→The man made a table.（男はテーブルを作った）

（2）「人」の状態を変える

→The news made her happy.（そのニュースが彼女を幸せにした→彼女はそのニュースを聞いて幸せになった）

（3）「抽象的なものごと」の状態を変える

→They made a contract.（彼らは契約をした）

●make の具体的な使い方を、もっと詳しくさぐる

誰しも最初は「make は〝作る〟の意味だ」と学校で習ったでしょう。

ところが、「作る」とだけ思いこんでいると、make の幅広い使い方ができません。

もっと本質的な make の意味――「（がんばって）状態を変える」という概念をイメージできるようになると、make の多彩な使い方ができるようになります。

(1)「物」の状態を変える例

この場合の make は「誰かが手を加えることによって、物ができあがる」ことを意味しています。
原料や材料を加工して物の「状態を変える」ことも make の役割です。
「状態を変える」対象は、目に見えるものでも、見えないものでもOKです。
make a fortune（財産を作る）など数字で表わせるものは make で「作る」のだ、と発想しましょう。この意味は中学校のときから習うので楽勝ですね。

〈聞き取り時の思考の流れ〉

① The man made...

（聞き手は、made の次に「人」「物」「状態」のどれが来るのかを待ち構えます）

↓

② The man made a table.

（聞き手は、a table（物）が現れたので、「机を作った」と理解できます）

●Let's make some cakes.（ケーキを作りましょう）

（「作る」ことは、材料を加工してものの「状態を変える」ことです）

●They make wine from grapes.（彼らはぶどうからワインを作る）

（材料の状態が変わる場合は「from＋原料」）

●The table is made of wood.（そのテーブルは木製です）

（材料の状態が変わらない場合は「of＋材料」）

●I want to make myself thin by going to an esthetic clinic.

（エステに行ってやせたい）

（私 myself を thin（やせた）「状態に変える」）

●He made a fortune.（彼は財を成した）
●She makes a lot of money.（彼女はお金をたくさん稼ぐ）
●My wife makes an excellent dinner.（私の奥さんの作る夕食は絶品です）
●This car is made in Germany.（この車はドイツ製です）
●a house made of stone（石でできた家）
●make bed（ベッドをととのえる）
●This dress is ready-made.（このドレスは既製品です）
●The cake is homemade.（そのケーキはお手製です）

(2)「人」の状態を変える例

makeは、「人の気持ちをさまざまに変える」ことにも使います。

〈聞き取り時の思考の流れ〉

①The news made her…

（madeの次にher（人）が来たので、「状態」を表わす単語が来るのを待ちます。慣れてくると、なにが来るのかだいたい予測可能になります）

↓

② The news made her happy.
（happyが現われたので、「彼女を幸せにした」と理解できます）

● The news made her sad.（そのニュースは彼女を悲しくさせた）

● She makes me smile.（彼女は私を笑わせる）

● He made his customer angry.（彼はお客を怒らせた）

● My manager made me do the work.（上司が私にその仕事をやらせた）

● The beard made him quite distinguished.（ひげが彼を立派に見せた）

● She'll make a good mother.（彼女はきっと良い母親になるよ）

● He would make a good businessman.（彼は良い社会人になるよ）

● My dog's death made me think about life.
（私は犬の死を契機に人生について考え出した）

● All work and no play makes Jack a dull person.
（ジャックは働いてばかりで、まったく遊ばないので、退屈な人間になる）

（3）「抽象的なものごと」の状態を変える例

この「状態を変える」makeは、日本語では「……する」という意味です。makeを使えば、ほとんどなんでも表現できます。以下はほんの一例です。

- I make a **reservation.**（予約する）
- I make an **appointment.**（約束する）
- I make an **attempt.**（試みる）
- I make a **change.**（変更する）
- I make a **decision.**（決定する）
- I make a **discovery.**（発見する）
- I make an **effort.**（努力する）
- I make an **excuse.**（言いわけする）
- I make a **journey.**（旅行する）
- I make a **plan.**（計画する）
- I make some **progress.**（進歩する）
- I make a **speech.**（演説する）

（※ちなみに、ここでの太字の単語はすべて「ラテン語系」です）

●I'd like to make a reservation for a room.（部屋の予約をしたい）

●It doesn't make any sense.（それには意味がないよ）

●Are you sure? You'd better make sure of it!

（確かなの？ それを確かめたほうがいいよ）

●You can make it!（君ならできる！）

●I made it!（やったぜ！）

文頭から順に意味をつかんでいく

英文読書のスピードがぐんぐん上がり、リスニングも余裕を持ってできる――そうなるには、「基本動詞を中心に、どの文型なのかを文頭からパッと予想でき、次に続く単語の種類を先回りして予測できる状態」を脳が獲得する必要があります。

超基本動詞には、とりうる文型が一つだけでなく、二つも三つもありますが、複数ある文型のどれなのかをパッと理解する勘を養いましょう。

「文頭から理解する。日本語に訳して後戻りしない」ための訓練には、読書が一番効果的です。たとえば、make のような超基本動詞を使った文を頭から理解する訓練には難しい本は不要です。中学校レベルの語彙で書かれた「Graded Readers《グレイデッド リーダーズ》」や「Ladder Series《ラダー シリーズ》」をたくさん読めば良いのです（このあとの第四章で具体的な書名などをご紹介します）。

そうやって、実際のいろいろな文章で make を経験すれば、make を使った文章は頭から、リアルタイムで、日本語に訳さなくても理解できるようになっていきます。

文法書や辞書で make の使い方を学ぶことは、野球でバットの素振り練習をするようなものです。そして、読書で make に接することは、練習試合や本番の試合にたとえられます。やさしい本でよいので、たくさん読みましょう。

God makes me… を頭から理解する流れ

たとえば、読書やリスニングをしていて、God makes me… という出だしの英文に出会ったとしましょう。その次に続く単語によって、次の三つのうちのどれかのパターンが現われます。

①SVOC（主語＋動詞＋目的語＋補語／S が O を C という状態にする）

God makes me thin.

この場合、「神様が私をやせさせる」、つまり God（S）が me（O）の状態を thin（C）

にmake（V）します。このパターンはとても多いので、makeが出てきたら、まずこの文型と思ってください。でも現実には次のような場合があります。その場合はあっさりとこのパターンは忘れましょう。

②SVOO（主語＋動詞＋間接目的語＋直接目的語／SがOにOを…する）

God makes me a box.

「神様が私に箱を作ってくれる」という意味です。この場合は、meが「私に」という受取人に位置付けられます。そしてa boxが作られて受取人に渡されます。この文型が出てくる確率は、先の①よりもかなり低いです。

③SVO＋動詞（主語＋使役動詞＋目的語＋動詞／SがOに…させる）

God makes me leave the seashore.

meのあとに動詞が来てしまった場合です。この場合も文型的にはSVOCで、meの状態をCの状態に変える機能をmakeが持っています（このときのmakeを使役動詞と呼びます）。meとleaveの関係は、I leave the seashore.のように主語と述語です。

しかし、「私は（私の意思で）海岸を去る」のではありません。意思を持っているのは、makeの主語（文の主語）のGodです。この文章をmakeのもともとの機能を生かして訳すと、「神は私（の気持ち）に働きかけて海岸から去るように仕向ける」です。普通に訳すと「神が私を海岸から立ち去らせる」となります。

「SVO＋動詞」の文型は、動詞を使うことで幅広い表現を実現できるので、応用範囲は無限です。

以上のように、出だしの文がGod makes me… と聞こえたら、文としては①〜③の三パターンの可能性があるわけです。

ただ、ネイティブの脳内では、一つの決め打ちがまず行なわれます。

God makes me… まで聞いた時点で、一番出会う可能性の高いSVOCで次の単語を待ち受けるのです。

続く単語を聞いて、もしもSVOCではなかったら、脳は瞬時に文型を変えて意味を作り直します。この処理は〇・一秒以下で行なわれているはずです。あなたが〇・一秒以下でこの変更ができるようになると、「英語耳」を獲得したと言っていいでしょう。

とにかく、英単語にいちいち「てにをは」をつけて、日本語に訳して戻ったりしながら理解しないこと。単語の出てくる順番ですなおに、しかも日本語に訳さないで、直接、目的語の状態がどうなるのかを頭の中でイメージすることです。

日常会話では、基本動詞が中心的に使用されるため、この訓練は非常に重要です。

以上は make を例にした超基本動詞、つまりＯＥ系の動詞の攻略方法の入り口の部分でした。とにかく、

①ＯＥ系の動詞の基本的な機能を頭にすり込む。

②読書で、たくさんの用例に出会う。

という二つの方法を実践してください。

①については、make の基本的な機能を紹介しましたが、その他のＯＥ系の基本動詞、give, get, take, have, do なども同じ感覚で意味イメージを把握すればいいだけです。

あとは、再三述べてきた Parrot 効果で、基本機能を脳にすり込む作業をしてください。Parrot 効果とは、一曲の歌や三〜十五分ほどのスピーチを各百〜三百回くり返し聞いて発音する練習方法でしたね。超基本動詞が含まれる文章をそれぐらいくり返し練習すると、日本語で考えなくても脳が英語に反応して意味のイメージを描くようになるのです。

騙《だま》されたと思ってまずはスポーツの素振りのように回数を重ね、意味を無意識のうちにイメージできるようにしましょう。歌一曲や三分のスピーチでは、make などのＯＥ系の基本動詞が数回しか出てきませんが、それでも十分です。

その後で、②へ移ります。読書をして、OE系の基本動詞が実際に使われている英文をたくさん見て、経験を積むのです。五千〜一万回はmakeに出会うことで、経験は完全になります。そのためにはペーパーバック十〜二十冊に相当する量の英文を読めばよいでしょう。この「多読」を実践すると、英語理解のスピードは目ざましく上がっていきます。単語の実使用例を見て、経験値が上がるからです。

Parrot効果のくり返す練習と、多読を、ぜひ並行して進めてください。気分によってやりわけてかまいません。

私が「英語は壮大な慣れ」と言うとき、その心は、「OE系の基本動詞の使い方に慣れること」で大きな部分が占められています。私が「文法は必要だ」と言うときも、つきつめると、「OE系の基本動詞の使い方を極めてほしい」という気持ちが強いのです。

OE系の超基本動詞の使い方は、文法書を読むことでも知識を得られますが、もっと良いのはすぐれた英和辞典の超基本動詞の記述を丁寧に読むことです。私が特に推薦したいのは『ニューヴィクトリーアンカー英和辞典』（学研プラス）です。高校生のための学習辞典ですが、とてもわかりやすい辞書です。

ラテン語系の語彙・攻略法

主な英単語一万二千語（SVL12000）の約五十九％は、ラテン語系の語彙です。ラテン語系の単語は、前述のように「接頭辞」と「語根」に分解できるのが特徴です。

●接頭辞

「接頭辞」とは、〝単語の頭について意味を付け加える語〟です。

日本語にも「不」「非」「無」などの接頭辞がありますね。たとえば、「幸せ」に「不」をつけると「不幸せ」です。

同様に、英語では、happy（幸せな）に、「不」に相当する un という接頭辞をつけると、unhappy（不幸な）という単語ができます。

つまり、接頭辞の un を単語につけると否定の意味になることを知っていると、英語の語彙をいっぺんに増やせます。

happy（幸せな）→ unhappy（不幸せな）

kind（親切な）→ unkind（不親切な）

fair（公平な）→ unfair（不公平な）

日本語の否定をする接頭辞には「不」「非」「無」などがあって、「不幸」「非人道的」「無礼」などと使われます。英語にも、否定の接頭辞は三つあります。un-とdis-とin-です。どの接頭辞がどの単語につくのかは、単語ごとにおぼえましょう。un-よりもdis-のほうが強い否定になります。

agree（合意する）→disagree（意見が合わない）
appear（現われる）→disappear（見えなくなる）
like（好む）→dislike（嫌う）
capable（有能な）→incapable（無能な）
expensive（高価な）→inexpensive（安い）
visible（目に見える）→invisible（目に見えない）

実は、よく使われる接頭辞の数は、せいぜい二十個ぐらいです。さほど多くありませんので、辞書やネットで調べるなどして、がんばって早めに覚えてしまいましょう。

●語根

語源でなじみにくいのが「語根」（単語の基本をなす部分で、単語を構成する最小の単位）だと思います。言わば、漢字の偏に相当しますが、漢字の偏とは以下が異なります。
①漢字の偏は、自然の風物（木、山、月）や、体の部分（目、口、耳）を意味する。
②いっぽう、英語の語根は動作を表わす。たとえば「立つ」「座る」「見る」「聞く」「行く」「来る」など。
③英語の語根は微妙にスペルが変化する。たとえば次に説明する「立つ」という語根は「sta」「sti」「st」などのつづりで単語に隠れている。
英単語でよく使われる語根に「stare《スターレ》（立つ）」というラテン語があります。英単語の中にある「sta」「sti」「st」などのつづりがその変形版です。接頭辞などと結びついて、いろいろな「立つ」イメージの単語が作られますので、ここからその例を見ていきましょう。

stand（立つ）
station（駅）※立って待つ場所のイメージ
stage（舞台）※立って演じるところというイメージ
statue（彫像）※立っている像のイメージ
instant（すぐの）※**in-**（そばに、中に）という接頭辞が付き、そばに立っていてすぐに役立つイメージ。

constant（不変の）※ con-（しっかりと）という接頭辞が付き、しっかり立っているので、倒れたり変化したりしないイメージ。

distance（距離）※ di(s)-（離れて）という接頭辞が付き、離れて立っている、その距離のイメージ。

contra**st**（対照する）※ contra-（反対に、対照して）という接頭辞が付き、対置のイメージ。

de**stin**y（運命）※ de-（下に）という接頭辞が付き、運命の下に立つイメージ。

in**stall**（備え付ける）※ in-（中に）という接頭辞が付き、動かないようにしっかり立てるイメージ。

ob**sta**cle（障害物）※ ob-（前に）という接頭辞が付き、通れないように邪魔に立つイメージ。

以上は、一つのラテン語根「stare（立つ）」から派生した英単語の一例でした。英単語に隠れている語根がどういうものか、少しわかっていただけたと思います。

実は、ラテン語根 stare から派生する英単語は百四十個もあります。ネイティブは、これら百四十個に対しては、漢字の「立」を感じているのだと私は考えています。これにより、語根 stare を含む百四十の単語は、でたらめなアルファベットの羅列ではなく、意味のある親しみやすい単語に見えてくるのです。

●語根の特徴

語源を持つ語根の特徴は、以下のようにまとめられます。

①語根は単語の中に、二〜三の子音と母音の組み合わせで隠されている。（例：sta）

②語根は、共通のイメージを持っている。（例：sta は〝立つ〟）

③発音の際は、多くの場合、語根の部分にアクセントがくる。

ネイティブは、音とスペルと意味を結びつけて記憶しています。つまり、sta という三文字を見たとき、瞬間的に「立つ」しぐさを感じます。リスニングで、アクセントのある位置で sta の音を聞き取ったときにも、「立つ」しぐさを感じます。そして一瞬にして、sta を含んだ単語のイメージが脳に浮かぶのです。

ぜひ専門書や『単語耳』の三巻目、四巻目などで「語源・語根」の感覚を養い、日本語に訳さなくても英単語からそのままのすなおなイメージが浮かぶようになってください。

また、前述のように、専門書を使わずとも、すずきひろし氏、角掛拓未《つのかけたくみ》氏と私の三名が共同で運営しているサイト「語源の広場」(https://gogen-wisdom.hatenablog.com/)を活用して、語源・語根の知識を深めて行く手もあります。無料でさまざまな語源の勉強や検索ができますので、ぜひ一度、見に行ってみてください。

●接頭辞と語根の組み合わせ

先に見たように、instant（すぐの）には、接頭辞「in-（そばに、中に）」が使われています。constant（不変の）には接頭辞「con-（しっかりと）」が、distance（距離）には接頭辞「di(s)-（離れて）」が使われています。

ラテン語系の英単語の多くは「接頭辞」と「語根」の組み合わせでできています。よく使う「接頭辞」の数は、前述のようにせいぜい二十個です。この二十個はさまざまな語根の前につけ、共通の意味合いを付加できるので、ぜひ早めに覚えましょう。

二ページ後の表は、接頭辞とラテン語の語根の組み合わせを並べたものです。

この表には、一部の接頭辞とたった一つの「sta（立つ）」という語根だけが書いてあります。残りの部分は、あなたの脳内に作りこんでいってください。

語根は、使用頻度の高い上位五十個を覚えると、約二千七百単語を楽に覚えられます。

「接頭辞×語根」の組み合わせで、単純に二十×五十＝千単語ですが、一つの単語には、名詞／動詞／形容詞／副詞などの派生語がありますので、計二千七百語になります。接頭辞二十個、語根五十個の計七十個を覚えるだけで、あなたの英語の語彙数は二千七百語にまで楽に拡大可能なのです。

さらには、前述のサイト「語源の広場」の「黄金の語根」というページをご覧ください。TOP10の語根から千語を超える単語が派生しているという情報をまとめてあります。また、四百の語根から派生した一万単語も登録してあります。検索しながら、同サイトの情報を語源・語根学習にぜひ役立ててください。

余談ですが、漢字はとても優れた文字だと思います。二千五百年以上も前に偏、旁《つくり》、冠《かんむり》の発明により作られたにもかかわらず、今でもほぼそのままのイメージで使われているからです。そして、ラテン語もとても優れた言語です。偶然とも思われないことに、ラテン語もまた二千五百年以上前に接頭辞と語根の組み合わせから形作られました。そして英単語の中で、今ももとの意味がそのまま生きているのです。

英語を習得した日本人は、漢字の二千五百年と、英単語の二千五百年の歴史を両方とも身につけたとも言えます。実にのべ五千年分の東洋・西洋の人類の英知の累積です。

接頭辞＼語根	sta（立つ）	他の語根	他の語根	他の語根
con-	constant	con-...	con-...	con-...
dis-	distance	dis-...	dis-...	dis-...
in-	instant	in-...	in-...	in-...

単語の習得順序

英単語を習得するにあたっては、以下の四つを順に身につけていってください。

①発音
②意味
③スペル
④使い方（熟語、単語の文法規則）

最初の①に「スペル」が来ないことに注目してください。次に、この流れで学ぶメリットを分析していきましょう。

①発音

まず、相手に聞き取りやすい発音を目指し、ネイティブの発音を聞くことができるオンライン辞書やスマホアプリ、ネット上で見られる動画や洋画、『単語耳』シリーズに付属のCD収録の音声などを注意深く聞いて、英単語の「音」を学んでください。

相手に聞き取りやすい発音にするには、第一に「日本語のカタカナ発音を脱却して、英語の子音・母音で発音すること」です。第二には、「アクセントやスピードのメリハリをつけて（＝プロソディにのっとって）英単語を発音すること」です。

日本人は長い英単語を、均一のスピードで、アクセントを平板にして発音しがちですが、それではネイティブには聞き取りにくいのです。

再三述べてきたように、日本語とは異なり、英語では、アクセントがある部分をはっきりゆっくり発音し、それ以外のところを、弱く、抑えて速く発音せねばなりません。ネイティブはアクセントのある音節の音をもとにして、脳内の単語辞書を検索しています。ネイティブが脳内の単語辞書を引きやすくする発音こそが、親切でわかりやすい発音です。

そして、ネイティブにわかりやすい発音ができるようになると、リスニングの能力は自然と身についてしまいます。発音できなくても、リスニングはできますが、その場合は正確さに欠けます。まず最初に、ネイティブの発音をそっくりマネしての「発音」練習をしましょう。

②意味

英単語の暗記は、英語学習者全員の悩みです。多くの場合、何度暗記しても忘れてしまうからです。しかし、①のように「発音」から入ると、脳の記憶格納領域が切り替わって、忘れにくくなります（認知症気味のお年寄りで、家族の名前や自分の名前を言えなくなったような方でも、昔覚えた童謡は歌えることが多い、という脳科学分野での報告例があります）。

①でしっかりネイティブの発音を脳にすり込んでおけば、意味を後付けで覚えていくのもかなり楽になります。

たとえば、Good morning! という表現は、みなが知っていて、一生忘れない表現ですね。これは、誰しも「音」で覚えていて、耳について忘れない言い回しだからです。耳についていて、その後さらに何度も出会うので、意味も使い方も身についてしまっています。

ほかの単語や言い回しも、まず発音から入って、意味に関しても Good morning! 状態にもっていけば良いのです。

③スペル

英語の発音は単語のつづりと密接な関係、規則性があります。①で発音を覚えた後なら、つづりの学習はより楽にはかどります。

「完全な英語耳」を習得するためには、発音、意味、スペル、語源（部品構成）などを総合的に結びつけ、徹底的に脳にすり込む必要があります。

必ず①、②の作業の後で、英単語の「発音」や「意味」から「スペル」を書く練習を開始しましょう。

④使い方（熟語、単語の文法規則）

英単語を発音から覚えると、その英単語に出会うたびに、使い方が「音」とともに記憶されていきます。出会えば出会うほど、英単語の「音」と「多彩な使い方」がリンクされて脳にどんどん蓄積されます。これにより、理解のスピードが上がり、訳さずとも意味がイメージ可能になります。

この順番で英単語にたくさん出会うと、話したり書いたりが自然にできるようになります。日常会話は二千語程度の語彙で通じると言われますが、その前提は、基本動詞 make, give, get などの多彩な使用法をマスターしていることです。それにより、日常会話は容易になります。

make me happy なども、Good morning! 並みに自然に話したり聞いたりできるようになります。もちろん make me happy は、脳内にまず「音」として記憶されているべきです。

英単語は単語帳で覚える？　読書で覚える？　どっちがよい？

さて、英単語の学習方法には、①単語帳などで端から暗記していく方法と、②読書をしながら辞書を引いて、都度覚えていく方法とがありますね。

この方法にはどちらにも、一長一短があります。単語帳方式では、たくさんの単語にいっぺんに触れられるのが利点です。いっぽう読書で覚える方法では、実際に単語が使われている様子や場面がわかるので、単語の意味や使用法が本格的に把握できます。

こう考えると、両者を組み合わせた方法が一番良いわけです。つまり、単語帳暗記と読書を並行して行なう方法です。

私の考えでは、「発音」を使った単語帳暗記をまず先に始め、「アクセントのある音節」の音をトリガーに、ある程度整理された形で脳にすり込みながら、次第に洋書の読書量を増やしていくのが一番効率が良いと思います。

英単語の意味や使用法を身につけるには、読書をして実際に英単語が使われている文章に数多く出会う必要があります。しかし、この「多読」には膨大な時間を要するのも確かです。しかも、せっかく多読してたくさんの単語に出会っても、前述の「音で整理できた引き出し」があらかじめ脳内にないと、頭の中がごちゃごちゃになってしまい、記憶を確かなものにしにくくなります。

脳内に一刻も早く引き出しを作りましょう。その際に、「音」、とりわけて「アクセントのある音節の音」が、一つ一つの単語の引き出しとなります。

拙著『改訂版　単語耳』全四巻は、そうしたコンセプトのもと、単語帳方式を使って、一気にネイティブレベルに達するに十分な発信語彙八千語を「発音」を使って脳にすり込もうという書籍ですが、あなたが他に信頼できる英単語学習書や、オンラインのコンテンツなどをご存じの場合は、それらを活用するのでも良いでしょう。

とにかく、脳に最初に「音」をすり込むことです。そうすれば、英語・英会話に触れるほど、単語の情報が「音」で整理・蓄積されていく脳になります。つまり、洋画を見ても、英語のニュースを聞いても、洋書の読書をしても、何をしても、脳が英単語の音に好奇心を示し、結果、頭の中で英単語が「音」で整理・蓄積されていくことになります。

するとあるとき突然、爆発的に英会話がわかるようになります。

この瞬間は誰にでもやってきますので、ご安心ください。人間の脳は、そうなるようにできているから、です。

蓄積が必要なので、すぐに、とは行きませんが、一～三年前後の練習により、そうした劇的な体験があなたに訪れると思います。

単語帳暗記で単語をひととおり把握した後は、次第に、単語帳暗記の比率を減らし、洋書の読書体験の比率を増やしていきましょう。英単語の意味や使用法は、多読の実践の中でこそもっとよく身につくからです。

なお、英語で書かれているものに触れることをすべて読書体験と呼んで構いません。学校の教科書でも、文法書に出てくる文章でも、すべて読書体験です。ペーパーバックを読むことだけが読書体験ではないのです。あまり杓子定規《しゃくしじょうぎ》には考えず、お好みの読書体験を選択して、できれば、楽しんでください。

第四章　誰でもできる、読書のススメ～多読編

英語耳マスターへの最後の道のり

私は、最終的には、読書こそが、英語耳マスターにもっとも効果がある近道だと考えています。

第一章の九カ条のうちの「第九条　読書体験を、『目で聞く体験』にしよう」でも述べたように、英会話と違い、読書の場合は、自分に合ったレベルの本を探しやすく、最後まで自分のペースで読んでいけるからです。ペーパーバックを苦もなく読め、脳内で音が正しいプロソディで鳴るなら、「完全な英語耳」はもう目の前です。

とはいえ、「自分のレベルに合った洋書を探すこと自体、私には無理」「最後まで読み終えたことが無いんですよね」「どうやったら良いのか、何を読んだら良いのかが、さっぱりわからない」という方も多いでしょう。

でも、ご安心ください。この第四章では、その回答を用意しています。みなさん、本章を読めば、すぐにも読書を始められるのです。

まず、読書だけが持つ二つの効能を知る

洋書の読書の効能は、①**英語を理解する訓練**と、②**実践的な語彙《ごい》記憶**ができることです。

①読書では、出てくる英単語を全部知っていても、英文を理解できないことがままあり

ます。それは、英単語と同時に、英語の構文を知っている必要があるからです。しかし、やさしいレベルの本から読書を積み重ねれば、自然と構文もわかるようになっていきます。日本人の多くは、幸い、聞き取りはできなくても、英文は（辞書を引けば）何とか読めます。そういう方は、『改訂版　単語耳』などを使って発信語彙八千語さえ脳にインプットしてしまえば、英語の読書はすらすらできるようになるはずです。

まずは、うんとやさしい読み物で英文読書を始めましょう。内容がわかるようになったら、同じような語彙レベルの本を、スピードを上げながら読みます。話すスピードを追い越すのが最初の目標です。

それぐらいのスピードでだいたい読めるようになったら、もう少し難しい読み物に挑戦します。最終的には普通のペーパーバックを読めるようになりましょう。ペーパーバックを、話すスピードよりも速いスピードで読めるようになると、リスニングの聞こえ方が劇的に改善されます。

これが最終的な目的地です。ハードルは高いですが、まずは目的地がどこかだけ覚えておいてください。

②読書では、活《い》きた語彙の習得ができます。単語帳に出てくる場合とは異なり、読書体

験の中で出会う英単語と日本語訳とは概して一対一では対応しません。意味の守備範囲もかなり広くなります。

語彙の多様な使い方は、洋書の読書体験の中で身についていきます。また、どんな英単語と結びついて英熟語になりやすいのかなども、読書を通じて初めて真に体得できます。これらを体得すると、リスニングの際に英単語を聞き分ける能力も格段に向上します。

たとえば、「water」と「水」という訳は、実際は一対一では対応しません。

日本語では「水」と言うとだいたいの温度範囲が決まっていますね。日本のレストランで「水をください」と言うと、冷水か常温の水がでてきます。五十度以上はお湯ですので、「水」とは表現しません。

これに対し、英語の「water」は「水という素材」のことを指します。零度近い冷水から百度のお湯まで、みんなwaterです。したがって英語では、cool water（冷水）、drinking water（飲料水）、hot water（お湯）、boiling water（沸騰したお湯）など、いちいち説明する必要があります（まぁ、英語でも、レストランでただ「Water!」と言えば、たいていは常温の水が出てくるのですが）。

このように、英単語は素材のことを指す場合が多いのです。いっぽう日本語では、漢字を組み合わせた単語が、「加工済みのモノ」を表わす場合が多くあります。こうした感覚は、単語帳での暗記からはなかなか体得できません。

単語の持つ文化的な背景の違いは、英語でも日本語でも、読書で体得するのが一番なのです。日本語には「黒」を形容する単語がたくさんありますが、英語には少ない——など、英語の読書でこそ体得できる感覚は、数限りなくあります。

読書の際に辞書は引くべきか否か?

英語の読書に際して、「辞書を引くべきか、引かざるべきか?」という質問をよく受けます。私はまめに引くことをすすめたい気がしますが、めんどうくさい上、物語の勢いをそがれるのも事実。よって、「気が向いたときに、適当に引くこと」を正解としておきます。

読書のメリットは、マイペースでできることだと言いましたが、難易度も自分に応じて選べます。ではどうやって自分にあった難易度の本を見つけたら良いのでしょう?

目安は「二十対一」、または「九十五%以上」です。

英文は知らない単語が二十単語に一個以下の割合の場合（比率で言うと五%以下の場合）、理解が可能と言われています。

これが、あなたが読書対象を選ぶときの基準です。これを目安に、書店で英語の本をぱらぱらめくって選びましょう。こうした本を読む場合は、辞書は引かずに、単語の意味を類推しながら読むほうが本当の読書力がつくでしょう。

どうしても読みたいペーパーバックがあって、知らない英単語がたくさん出てくる場合だけ、辞書を引きましょう。そのときも、何でもかんでも片っ端から辞書を引くのはやめて、必要最低限にしましょう。読書は本来、ストーリーを楽しむためにするものです。どうしても知りたい単語だけ、ときどき辞書を引いて確かめるぐらいがちょうどいいのです。

私もペーパーバックを読み始めたばかりのときには、几帳面《きちょうめん》に辞書を引きまくりました。特に一冊目では、そうしました。すると二冊目は脳内に語彙が増えてきたせいか、だいぶ楽に読めるようになりました。

しかし、そう思ったのはどうやら勘違いだったようです。今から思うと、ペーパーバックをすらすら読むために一番効果があったのは、英語の超基本動詞の多彩な使用法に慣れたことだと考えられます。

つまり、have, get, give, make, take, do などを含む文の多彩な意味を、無意識のうちに高速に理解できるようになったことが、一番大きく貢献していたのです。

超基本動詞は中学で学習するので簡単だ、と誤解されていますが、これらの動詞は守備範囲が広いので、案外と把握するのがやっかいです。

これらの超基本動詞を使った文章を、ネイティブ並みにすらすらと読むためには、最低でもそうした文章に数千回出会う必要があると考えています（より良いのは、数万回出会うことですが）。

具体的な、多読の始め方

というわけで、なんとしても洋書の多読を始めてください。

洋書と言うと、すぐにペーパーバックが思い浮かぶでしょうが、学習のステージは、あなたのレベルに応じて「ペーパーバック以前」と「ペーパーバック以後」に分かれることになります。

いきなりペーパーバックを読もうとしても、二十単語に二つも三つも知らない単語が出てくるようでは、お話を楽しむのは無理でしょう。

そこで、まず、あなたにペーパーバックを読む力があるのかどうか判断する具体的な方法をお伝えしましょう。

まず、Louis Sacharが書いた『Holes』（Yearling Books刊／ISBN 0439244196）を入手してください。「先祖代々続く運の悪さに悩むいじめられっ子のスタンレー。その日もいじめられて帰る道すがら、ひょんなことから彼は無実の罪で逮捕され、少年更生施設へ送られます。そこでは少年たちが毎日、乾ききった湖で、いくつもいくつも穴を掘らされているのですが、スタンレーは次第に、この更生施設には秘密があり、穴を掘る作業にも重大な意味が隠されていると気づいていきます——」というあらすじの非常に面白い本ですので、買って損はないと思います）。

この本を読み終えられれば、あなたはペーパーバックを読み始めてけっこうです。途中で挫折《ざせつ》するようでしたら、いったん『Holes』をしまっておいて、本書の指示通りに段階を踏んでから、後日『Holes』を読破しましょう。

同様に『Charlie and the Chocolate Factory（邦題：チャーリーとチョコレート工場）』(Roald Dahl 著／Puffin 刊／ISBN 0141301155）でも、自分のレベルチェックができます。これが最後まで読めたら、ペーパーバックを読み始めましょう。

上記二冊のうち、どちらか一方を選ぶとしたら、『Holes』をおすすめします。

ただし、辞書をいちいち引きながら超スローペースで読書をしても、効果薄です。そんな調子では、話す速度を超えて英文を理解するという最終目的地にはたどり着けません。

「でも、語彙力がないので、九十五％の単語を知っているようなペーパーバックが見当たらないのです。もっと英単語を暗記してから読み始めるべきなのでしょうか？」

実際はそう考える方のほうが多いでしょう。大丈夫、ご心配は無用です。そんな方は、

Graded Readers《グレーデッド リーダーズ》という優れた英語の本を読めばいいだけだからです。

ペーパーバックを読むのがつらい人は、これを読むべし

ペーパーバックの多読に挑戦するには、越えねばならないハードルが二つあります。

①語彙を増やすことと、②基本動詞を使った構文に慣れていて、話す速さの半分以上の速度で英文を頭から理解できることです。

TOEICで五百点前後の方に、こうしたハードルが存在するようです。このハードルを越えるために最適なのが、Graded Readersと呼ばれる語彙を制限した子ども向けの本や、「Ladder Series《ラダー シリーズ》」の本です。

多読に挫折する人には、主に次の二種類がいます。

まず、「自分のレベルよりも、はるかに上のレベルの本を読もうとする人」。

次に、「知らない単語は全部辞書を引かないと気がすまない人」です。

こういう人々は、読書が楽しくないので、挫折しがちです。

「NPO多言語多読」の理事の酒井《さかい》邦秀《くにひで》先生は、挫折するのを防ぐために、次のような多読三原則を提唱していらっしゃいます。

・**辞書は引かない（引かなくてもわかる本を読む）**
・**わからないところは飛ばして前へ進む（わかっているところだけ、つなげて読む）**
・**つまらなくなったら、すぱっとやめる（楽しく読めない本は読まない）**

かなり前に酒井先生の授業を拝見させていただいて感銘を受けたポイントは、多読と音読（シャドウイング）の二つで授業が進められていたことです。

やはり、達人の行き着く先は、「多読と発音」なのです。

●Graded Readers

「Graded Readers」とは、英米の小中学生用にやさしく書かれた英語本の総称です。英米の子どもが読書習慣を身につけるための本です。Gradedとは、「学年別の、等級別の」という意味です。代表的な出版社は、Oxford《オックスフォード》とCambridge《ケンブリッジ》、そしてPenguin《ペンギン》です。

Stage 1やLevel 1は（出版社ごとに呼び方が異なっています）、小学校一年生向けといったところでしょうか。Stage 1は使用語彙数が四百語に、Level 1は三百〜四百語に制限されています。

書店やネットで本を探すときは、Graded Readersという名前ではなく、「Oxford Book

Oxford Bookworms Library	Cambridge English Readers	Penguin Readers
Stage 1：400語	Level 1：400語	Level 1：300語
Stage 2：700語	Level 2：800語	Level 2：600語
Stage 3：1000語	Level 3：1300語	Level 3：1200語
Stage 4：1400語	Level 4：1900語	Level 4：1700語
Stage 5：1800語	Level 5：2800語	Level 5：2300語
Stage 6：2500語	Level 6：3800語	Level 6：3000語

worms Library」、「Cambridge English Readers」、「Penguin Readers」というシリーズ名で探してください。各出版社からは、すでに数百冊のGraded Readersが出版されています。

ちなみに、上に掲載した表がグレード付けに応じた、使用語彙の制限数です。

「子ども向け」と聞くと、「幼稚な物語で、大人が読んでもおもしろくないのでは？」と思われがちですが、最近では「大人が読んでもおもしろい！」と評価する日本人が増えています。

それは、一流の娯楽作家が物語を書いているからです。いきなりペーパーバックを読み始めて挫折した人でも、自分のレベルに合ったおもしろい本が、必ず見つかるでしょう。

読書は、ある程度のスピードでストーリーを追って読むからこそおもしろいのであって、楽しくないと継続はできません。修行僧のように、根気強く辞書を引きながら毎日数ページずつ読破していっても、おもしろくもなんともありません。しかも、肝心の「話すスピードに追いつき追い越す」という目的に、ほとんど何の貢献もありません。

ただ、人によっては、「読み始めたいけれども、Graded Readers ですら知らない単語だらけ」という場合もあるでしょう。

その場合、知らない単語が十単語に一つ程度なら問題ありません。辞書を引きながら、読み始めてください。ストーリーは（挿絵などで）だいたいわかるけれど、文章は完全には理解できない、という状態でも、読み続けることでだんだん慣れてきて、辞書を引き引き読めるようになっていきます。

ただし、知らない単語が五つに一つ以上ある場合は、洋書の読書は不可能です。まずは英単語学習書などで語彙を増やすことに専念してください。

Graded Readers とともにおすすめなのが、洋販 Ladder Series です。本の後ろに語彙集（簡単な辞書）が付いていて、便利です。次のURLにアクセスすれば、現在出版されている本を知ることができます。または、Amazon.co.jp のサイトで「ラダーシリーズ」と入力して検索すると入手できる本が出てきます。

レベル	使用語数	必要な学力
1	1000語	TOEIC 300、英検4級
2	1300語	TOEIC 400、英検3級
3	1600語	TOEIC 500、英検2級
4	2000語	TOEIC 600、英検2級
5	制限無し	TOEIC 700以上、英検準1級

https://ibcpub.co.jp/ladder/

Ladder Seriesには、上の表のような五つのレベルがあります。

以下、ラダーシリーズのサイトに二〇二一年十二月に表示されていた、人気の高いLadder Seriesの本をレベル別に一冊ずつご紹介しましょう。

①レベル1　『美女と野獣』(Beauty and the Beast)
②レベル2　『星の王子さま』(The Little Prince)
③レベル3　『赤毛のアン』(Anne of Green Gables)
④レベル4　『スティーブ・ジョブズ・ストーリー』(The Steve Jobs Story)
⑤レベル5　『Facebookを創った男：ザッカーバーグ・ストーリー』(The Mark Zucherberg Story)

●いよいよ、ペーパーバックに挑戦！

さて、発音と語彙を学び、Graded Readers や Ladder Series を何冊か読んだ結果、Louis Sachar の『Holes』を無事に読み終えられるようになったら、あなたもペーパーバック読みの仲間入りです。それはつまり、「完全な英語耳」獲得の一歩手前まで来たことを意味します。

英語を楽しみながらマスターする最善の方法は、ペーパーバックの読書を生活の一部にして、いつも持ち歩くことです。ペーパーバックに慣れてくると、映画を見る以上に、ストーリーの迫力が伝わってきます。恋愛ものなどでは特にそうです。心理描写、人間の内面の描写では、ペーパーバックのほうが映画よりもはるかに上だと感じる人が多いです。

ここで、Graded Readers およびペーパーバックを選ぶために役立つ情報が豊富なサイトを三つご紹介しましょう。

①NPO多言語多読

多読の全くの初心者から熟練者にまで対応しており、どんな本をどのように読めばよいのかという情報が豊富なサイトです。英語に関しては、「英語多読」のコーナーで、絵本、

Graded Readersなどの読み方を丁寧に紹介しています。また同じコーナーにある、「今日からはじめる『字幕なし多観』のすすめ」は、ぜひ実行してほしいプログラムです。

②めざせ100万語！　多読で学ぶSSS英語学習法

多読の手法を伝えるサイトの元祖と言えます。Graded Readersからペーパーバックまで、ものすごい数の本が紹介されています。

③Amazon

ご存じのアマゾンです。Amazon.co.jpに行き、検索のカテゴリー（検索窓左のプルダウンメニュー）で「洋書」を選び、検索の枠に「ベストセラー」と入れて「検索」をクリックすると、現在売れている洋書のリストが現われます。

具体的なおすすめペーパーバック名も、以下に記しましょう。いずれもやさしいので入門者向きです。無事に『Holes』や『Charlie and the Chocolate Factory』を読み終えた方にまず読んでほしい本です。

①『Tuesdays with Morrie（モリー先生との火曜日）』(Mitch Albom著／Anchor刊／

ISBN 0307275639）

温かい文章ですが少し悲しい話です。子ども向けのストーリーに飽きた方が、大人の英文を味わうために。

②Harry Potterシリーズ（J.K.Rowling 著／Scholastic Paperbacks 刊）

一世を風靡《ふうび》したファンタジー小説の超ベストセラー『ハリー・ポッター』を原書で。Amazon の Audible 版の音声を聞くという選択もおすすめです。

③『Master of the Game（ゲームの達人）』（Sidney Sheldon 著／Warner Books 刊／ISBN 044630865X）

四百九十六ページあるので、大きな達成感を味わうのに最適です。ストーリーの展開が良く、英語も比較的やさしいので、多くの人がこの本でペーパーバック読みに仲間入りしています。

④大人のラヴ・ストーリーとして、Nicholas Sparks 著の以下の二作をまとめておすすめします。英文にも、温かい文体があります。優しく癒《い》やされる英語を味わってください。

『The Notebook』（Warner Books 刊／ISBN 0446676098）

『Message in a Bottle』（Grand Central Publishing 刊／ISBN 9781455569083）

とりあえず、以上を読めば、ペーパーバック読みの仲間入りです。次第に英語に慣れ、話すスピードで読めるようになります。英単語学習の過程で正しい「発音」を脳にすり込んだ後であれば、リスニング力も格段に向上するでしょう。

その後のあなたの読書は、英語学習のためのものでなく、心を癒やしてくれるもの、知的好奇心を満たしてくれるものになります。ぜひ好きなペーパーバックを持ち歩き、英語の読書で心の世界を広げてください。そのとき、英語はあくまでも手段となります。

Graded Readersでは、使用語彙数に制限があります。最上位のレベル六でも、三千〜三千八百語に制限されています。その後、語彙制限がないペーパーバックを読めるようになると、ようやくどんな英語を聞いても理解可能になるでしょう。知らない単語が二十語中一語以下のペーパーバックもたくさん見つかるようになります。この段階まで来たら、少し難しい本にも、辞書を引きながらチャレンジしてください。

読むスピードを上げることも、常に心がけましょう。本書の三〜十五分の英会話素材を使った練習（Parrot効果）で「英語のプロソディ」を習得していれば、スピードの上昇カーブは急な上向きになるはずです。

英語の速読は、日本語の速読と似ています。日本語では、重要な漢字のキーワードのところはゆっくり、カナや何度も出てくる漢字のところはすこし飛ばして読んでいますね？　話を聞くときも、同じ飛ばし方をしているはずです。

英語も、発音時に音が弱まるところ、たとえば代名詞のyou, me, they, 冠詞a, theなどは、カナの感覚で読みとばされます。それらはキーワードとなる単語と結びつき、ひとかたまりの音として読まれるようになります。前置詞句もひとかたまりで読まれます。

英語では、強く読むところが漢字に相当し、弱く読むところがカナに相当すると思うと、イメージしやすいのかもしれません。

「洋書の読書の目的」と言うと、「英文解釈の練習」「語彙数を増やす訓練」とだけ考える人も多いのですが、まずは「発音」の基礎を固めた上で、洋書を高速で読む習慣をつけると、「完全な英語耳完成のため」にも非常に有効だ、と実感できるはずです。

コラム　おすすめの英和辞典

英語の辞書は、語彙学習の効率を大きく左右するので、自分にぴったり合ったものを選びましょう。紙の辞書は使いたくないという人は、ネット上のオンライン辞書や、スマホアプリの電子辞書などを積極的に利用してください。また、Kindleのように、英文の単語をクリックするだけで意味が表示される電子書籍リーダーなどもあります。iPadやAndroidタブレット、MacやWindows上などでも、PDF内の英単語の上に指先やマウスカーソルを持って行くだけで、意味を表示してくれる/自動的に辞書を引いてくれるツールが存在したりもします。ご自分のニーズに合うものをご自身で探して、活用してみてください。

こうして日々、英語の学習が続くと、語彙が増え、英語の力が加速度的に増してきます。すると、今使っている辞書が合わなくなってきたようだ、自分に合う新たな辞書が見つかった——などと感じる場合があります。そのときには迷わず、自分のレベルに合った新たな辞書を入手して使いこなしましょう。

『ニューヴィクトリーアンカー英和辞典』（学研プラス）

英語の初級者から中級者の学習のためには、『ニューヴィクトリーアンカー英和辞典』をおすすめします。ページをめくると、一見、大人にはやさしすぎる辞書と思われるかもしれませんが、基本英単語を使いこなすために必要な説明がわかりやすく書かれています。一九九六年発売のこの辞典は、二〇一九年十二月に第四版に内容が更新されました。第四版ではさらに文法の記述が充実しています。TOEIC九百点くらいの人にも十分に役立つ内容が載っています。文法書を読むよりも、この辞書を読んだほうが単語の使い方がわかるくらいなので、できれば、辞書全部のページをくまなく読んでほしいとすら思っています。

私が現役で海外とのビジネスをしていた際には、英文メールを書くときには、名詞が数えられる名詞（可算名詞）かどうか、動詞の使い方は正しいかどうか――などを調べるためにこの辞書をよく参照していました。

まずは中学必修五百単語、高校基本千二百五十単語、高校学習語千単語、入試頻出七百三十単語の順に、合計三千四百八十単語の日本語訳や解説などを精読してください。また発音記号、英語の例文、熟語などを声に出して、反復して読むだけでも、それぞれの単語の使い方の理解がかなり進みます。

『ジーニアス英和大辞典』（大修館）

二十五万語を収録しているため、どんな本を読んで単語を調べても、まず単語が載っていないということはありません。この辞書が個人的に気に入っている点は、語源の説明が単語の意味よりも先に簡潔に付けられているところです。また発音記号も bird [bə́ːrd] のように母音 [ər] が使われているところです。単語の意味も現代ふうに書かれています。

『ジーニアス英和大辞典』は電子辞書版のほうをおすすめします。紙の辞書のほうが個人的には好きなのですが、大きくて三キロもあるので重いからです。電子辞書のほうがはるかに持ち運びが楽です。電子辞書を購入する際には、『ジーニアス英和大辞典』と『新英和大辞典』(研究社)の二つが入っている電子辞書機をおすすめします。二冊の紙の辞書を買うことを考えると電子辞書は決して高い買い物ではないと考えます。

発音記号を確認するための辞書

私が発音記号を確認するために現在使用している辞書は、①『ジーニアス英和大辞典』(大修館)、②『新英和大辞典』(研究社)、そして無料で使えるウェブ辞書③『Merriam-Webster』です。執筆中に発音記号を書くときには、この三つの辞書を調べます。

母音の発音記号 [ər] は『ジーニアス英和大辞典』と『新英和大辞典』でも使われています。たとえば、bird には [bə́ːrd] の発音記号が使われています。ほかの辞書では bird [bə́ːrd]

と書かれているものが多いのですが、個人的に米語発音は [bɚ́:d] が適切だと考えていますので、拙著『英語耳』『単語耳』シリーズなどでは [bɚ́:d] の [ɚ] のほうを使っています。『Merriam-Webster』では、発音記号の横のスピーカーマークをクリックすることで発音を音声で聞くこともできます。母音の発音記号はアメリカの辞書に多い ā [ei]、ä [ɑ] などの記号が使われています。たとえば、station [stā-shən] のようにです。発音記号 [sh] は [ʃ] のことです。慣れればわかるようになります。

ネットで比較的に検索ヒット率が高い『weblio 英和辞典・和英辞典』では、たとえば bird を検索すると、研究社のデータが使われている場合、発音記号は bird [bɚ́:d]（米国英語）|[bə́:d]（英国英語）のように併記されています。スピーカーマークをクリックすれば、ここでも米国英語の発音を聞くことができます。

語源を確認するための辞書

習得語彙が三千語を超えたあたりからは、「語源」の知識の活用をおすすめします。そのタイミングで、ふだん使う辞書を語源が出ている辞書に切り替えましょう。それで語源を知る機会がかんたんに増えます。以下は、私が語源を調べるために使っている辞書のうちのベスト四です。

①**『ジーニアス英和大辞典』**（大修館）
②**『ONLINE ETYMOLOGY DICTIONARY(etymonline.com)』**（ネットで無料）
③**『Merriam-Webster』**（ネットで無料）
④**『新英和大辞典』**（研究社）

『ジーニアス英和大辞典』は、前述のように語源の情報が単語よりも先に書いてあるので、発音記号とともにパッと見られて便利です。説明は日本語で書いてあります。一方、『新英和大辞典』では、語源の情報が単語の意味と解説の最後に出て来るため、電子辞書ではスクロールする必要が多々あります。また、語源情報は英語で数十年前に書かれたものがそのまま使われています。日本語が無く、英語も略語が使われているので慣れる必要があります。

ウェブで無料の英英辞典『Merriam-Webster』では、検索した単語の下のほうへスクロールしていくと、History and Etymologyという項目があり、そこに語源についての解説が簡潔に書かれています。私が『Merriam-Webster』を好きな理由は、発音記号があり、音声も聞けることですが、それに加えて単語の意味の最初にその単語のもともとの意味が書かれていて、語源とのつながりを強く感じられるところです。

『etymonline.com』では、語源の解説が初めに丁寧に書かれています。英語のみで日本語はありませんが、英語を読んで情報を得る訓練になるので、ぜひ活用してください。ただ、このネット辞書には発音記号は出ていません。また音声を発音してくれる機能もありません。私は「語源の広場」の「黄金の語根」を執筆する際に主として参照させていただいています。

第五章　音声認識アプリの具体例とその活用法

自分の発音が正しいかどうかを確認しよう

さて、英語の発音練習のネックは「自分の発音が正しいのか」を自己診断するのが困難なことです。そのせいで、いくら練習しても、実際には日本語発音（カナ発音）からなかなか抜け出せておらず、早口で話される英会話が全然聞き取れない——といった事態も起こりえます。どうしたらよいのか見当もつかず、半ばあきらめている方も少なくないのかもしれません。

そこで、英会話学校に通ってリスニングと発音の実力を何とか伸ばそうとする方や、ネットを使ってネイティブと英会話をすることに挑戦する方が出てきます。その熱心さは素晴らしいですが、しかし週に二〜三時間ほどネイティブに発音指導を受ける程度では、かゆい所に手が届くまでには至らないでしょう。

そこで、第五章では、「ＡＩ（人工知能）音声認識」を利用した発音学習の方法を具体的にご紹介していきます。

私がリモート（＝オンライン）で行なう発音講座では、Google Meet の「字幕」機能を使っていますので、もちろんそれもご紹介します。音声認識アプリでは、iPhone の Siri も有名ですね。その他の音声認識アプリで、あなたがすでに使い慣れたものがあるなら、発音練習にそれらを使用しても構いません。

なお、音声認識のためには、マイクを接続してあるパソコンや、マイク機能を備えたスマホなどが必要です。また、Google のアプリを使用する際に推奨されるウェブブラウザは「Google《グーグル》 Chrome《クローム》」となります。また、以下の説明は二〇二一年十二月時点での Windows10 パソコン上での操作を前提にした解説になります。Mac やスマホをご利用の方は、以降の説明を個々の環境に合わせてうまく読み替えたり、ご自身でネット検索をして情報を集めたりするなどしてください（著者である私も出版社KADOKAWAも、それらの個別サポートは一切行ないませんので、ご理解願います）。

「Google 翻訳」で、英文テキストを発音してもらう

最初にご紹介するのは、おそらく一番手っ取り早いであろう「Google 翻訳」の活用法です（これは Mac やスマホのブラウザからも容易に利用できます）。「Google 翻訳」でネット検索をし、トップに出てくる「Google 翻訳」のサイト（https://translate.google.co.jp/?hl=ja）で、音声認識機能の利用が可能となっています。

①「Google 翻訳」の画面で、（「翻訳」と薄く表示されている右側の欄ではなく）向かって左側の入力欄上部で「英語」を選択してください。

②すると、(パソコンにマイクの使用を許可している場合は) その入力欄下部のマイクのアイコンがオン (グレー↓黒) になります。そのマイクのアイコンをクリックして、実際のマイクで英単語や英文を発音してみましょう。

――これだけで、あなたの発音が意図した通りの英語の発音になっているかの診断が可能です。

ちなみに発音は、ネイティブ・スピーカーが発音している英文を聞きながら、そっくりマネをして自分でも「発音」することで上達します(「聞く」だけでは絶対ダメです)。ただ、その際に、英語の正しいお手本音源が無い英文を使って発音練習をしたい場面もあるかと思います。となると、必要となるのは、お手本となる英語の発音です。そんな場合は、「Google翻訳」の音声読み上げ機能を利用しましょう。イントネーションなどもある程度、自然な発音に近いので、音源のない英文の発音練習には便利です。やり方は、

①左側の入力欄に、希望する英文をテキスト入力する。

②その入力欄の下部に出る「スピーカー」アイコンをクリックする。

――だけです。

Google Document（グーグル・ドキュメント）

次にご紹介する「Google Document」には個人的な思い入れがあります。

私は長年、音声認識技術にとても強い興味を抱いてきました。二〇〇〇年代に音声認識技術は大きく進歩しましたが、実用化にまでは届きませんでした。音声認識技術が実用化されて、英語の発音練習に使えるようになる日が来れば、学習者が自分の発音を自己診断できるようになります。おおげさですが、日本人の英語の発音がまたたく間に良くなり、リスニング力も飛躍的に伸びるだろうと、ずっと期待してきました。

二〇一〇年代後半になると、ようやく音声認識技術が実用レベルになったと感じることができました。そこで、最初に知ったのが、「音声認識による英語の文字起こしができる」という「Google Document」の存在でした。さっそく使ってみると、長年待ち望んでいた、英語の発音練習に使える音声認識技術がようやく民間に出回ってきたことを実感しました。とてもうれしかったことを覚えています。

音声認識技術が実用化・商用化にまで進んだ背景には、音声認識技術の進歩とともに、ビッグ・データと言われる膨大な英文のデータが日々蓄積されていること、そしてネットの超高速化によりどこからでもそのデータにアクセスでき、時間的な遅延に気づかないほど短時間でアクセスできるようになったことなどの総合的な技術の進歩によるものと考えています。

二〇二一年十二月時点での「Google Document」の使い方は以下の通りです（より詳しく知りたい方は、ネットで検索すると、知りたい情報のあるサイトが見つかると思います。ご自身の責任のもとに、それらの情報をぜひ活用してください。Mac利用者は必ずGoogle Chromeブラウザからご利用ください）。

①「Google Document」でGoogle検索するとトップに出てくるサイト（https://www.google.com/intl/ja_jp/docs/about/）で、「Googleドキュメントを使ってみる」をクリックします（Googleアカウントでのログインが必要です）。

②「新しいドキュメントを作成」の「空白」を選んで、新規文書を開きます。

③メニューから「ツール↓音声入力」を選びます。

④すると、（パソコンにマイクの使用を許可している場合は）マイクの絵が「クリックして話します」というメッセージとともに出てきます。

⑤そのマイクの絵の上に「日本語▼」と出ていると思いますので、そこをクリックして現われた多数の言語の中から「English(United States)」を選びます。

——これで準備ができました。マイクのアイコン（絵）をクリックすると、マイクが赤色になります。この間は、音声認識が行なわれています。あなたがマイクに向かって英語を話すと、英文が現われてくるはずです。その後で、マイクをもう一回クリックすると、マイクが黒色になり、音声認識が止まります。

これで、どのような英文でも音声認識をしてもらいながら、発音練習ができるようになります。音声認識をした結果の英文は、保存も可能です。

Google Meet（グーグル・ミート）の「字幕」機能

Google Meet は、Google 社が提供しているリモート会議アプリの名称です。この Google Meet は、音声認識技術を使った「字幕」機能を備えています。この機能は Google Document 以上に英語の発音練習に使えるものです。私は二〇二〇年の初頭にこの「字幕」を使ったときに、ネイティブ・スピーカーの頭の中を文字で表示してくれている感覚がして、驚きました。とても賢い音声認識機能なのです。それ以来、私のオンライン発音講座では Google Meet の「字幕」機能を補助的に指導に使っています。

二〇二〇年の段階では、Google Meet の「字幕」は英語のみでしたが、二〇二一年になって多言語対応ともなっています。次に記すのは二〇二一年十二月時点での操作法です。

こちらも、より詳しく知りたい方は、ネットで検索すると、知りたい情報のあるサイトが見つかると思います。ご自身の責任のもとに、それらの情報をぜひ活用してください。

①「Google Meet」で Google 検索するとトップに出てくるサイト (https://apps.google.com/intl/ja/meet/) で、「会議を開始」を選んで、Google Meet を立ち上げます (Google Chrome ブラウザを利用し、同ブラウザにマイクの使用を許可してください)。

②画面下部にあるCCアイコンをクリックします。

③「字幕をオンにしました 英語」という表示が出たら成功です。「字幕をオンにしました ○○」の「○○」の部分が「英語」以外だったら、その「○○」をクリックして、言語リストから「英語」を選んで「適用」をクリックします(なお、②③の操作は、画面下部の「…」アイコン (=その他のオプション) をクリックして「字幕」をクリックすることでも操作可能です)。

——これで準備完了です。マイクテストを兼ねて以下の文を発音してみてください。

Hello. Good morning. How are you today?

画面の下に英文が字幕として現われたでしょうか?

スマホ用アプリの Google Meet でも同様の字幕機能が利用できると思いますのでお試しください。「新しい会議」→「会議を今すぐ開始」を選んでみましょう。

終了するには、赤い受話器アイコンをクリック（タップ）です。

●リンキングが得意なGoogle Meetの「字幕」機能

Google Meetの字幕は、もともとは「会議で話された会話」を文字で表示して、英語（や他の言語）の聞き取りが苦手な側の理解を助けるための機能です。このため、文字は五～十秒で自動的に消えます。英文を次々に表示するためです。ネイティブ・スピードの英会話に対応していて、リンキング（単語と単語が音でつながる現象）の正しい認識も得意です。この「字幕」機能は、英語の言い回しをよく知っていて、多少言い間違えても、話している途中に、さかのぼって間違いを訂正してくれたりもします。

リンキングを上手に認識するので、その練習用にも適しています。たとえば、Take it easy. という英文内の英単語の語尾と語頭をリンキングさせる発音練習に使えます。

その際、試しに、[teiki]（テイキ）の後で、一秒の間をあけて、[ti:zi]（ティージー）と発音してみてください。一秒あけても、字幕にはTake it easy. またはTake it. easyのように表示されるので驚かれると思います。これが日本語とは異なる、英語独特のネイティブの聞き取り方なのです。

●Google Meetの「字幕」のAI音声認識技術の良いところ

①認識が正確で、賢いです。人間の評価と違って、ブレないで、常に一定した診断をしてくれます。したがって、自分の上達具合をドライに評価できます。

②一人で練習できます。さらに、人間の先生と違って、音声認識は、おかしな発音を何度も何度も聞かされても、文句一つ言いません。シャイな日本人に合っていると思います。

③認識した英文を五〜十秒ほど表示してから自動的に消してくれます。マウスやキーボードを触る必要がないので、発音の反復練習やシャドウイングに意識を集中して練習できます。「録音して、後から確認する」作業も不要で、より気軽に使えます。ただし、すぐ消える分、素早く英文を読む能力は必要です。読む速度を上げるためには、洋画や海外ドラマを「英語字幕付き」で見ることをおすすめします。慣れると、字幕を速く読めるようになりますし、一般的な英文の速読能力も向上します。したがって、英文書籍の多読をするスピードも上がります。

先にご紹介したGoogle Documentのほうは、Google Meetの「字幕」機能と違って、五〜十秒で英文が消えることはありません。すべての文字がずっと残ったままになるので、練習の記録を保存したい方には、Google Documentがおすすめです。

私はある中学校の学内スピーチ・コンテストの発音指導とその評価をしています。あるとき、生徒たちにGoogle Meetの「字幕」機能を使って練習してもらうと、なんと中学一年生の発音が、中学二年生と遜色《そんしょく》なくなったので驚きました。生徒たちからも「正しく発音しているつもりが、できていなかったことが字幕でよくわかった」などと大好評でした。

●Google Meetの「字幕」の使いにくいところ

この「字幕」機能は、ネイティブ・スピーカーが早口でしゃべっても、とてもよく認識します。しかし、私たち日本人が使おうとすると、少々使いにくいところもあります。①短い英単語（一音節の単語）を一つだけ発音しても、うまく認識してくれないことがあります。対策としては、複数の単語を続けて話すことが挙げられます。例えば、redを認識してくれないときには、red and blue, red roseなどのように、よく使われそうな言い回しを発音してみると、発音を認識・診断してもらいやすくなります。逆に長い英単語の認識率は高いので、extraordinary [ekstrɔ́ərdənèri]（並外れた）などの単語なら、とてもよく発音を認識してくれます。さらにfamily [fǽm(ə)li]（家族）、company [kʌ́mpəni]（会社）などの、あいまい母音[ə]を含む英単語の発音練習にも適しています。ネイティブ・スピーカーが発音するように、あいまい母音を省略して発音すると、単語をうまく認識してくれます。

②文の区切り位置がうまく表示されないことがあります。ピリオドやカンマを、話者が意図するようには、うまく付けてくれないことがあります。対策としては、文の中の区切りを意識して、英語らしいイントネーションで発音することです。逆に言うと、イントネーションの練習にはなりえます。

③文中の名詞が大文字で表示されることがよくあります。その名詞が、会話の中で強調されていた、と判定されているようです。これも、自然な英語で発音すると改善されます。

とても便利なツールではありますが、発音を学び始めたばかりの初心者の方には、最初は使いにくいかもしれません。特に、子音と母音の合計が三音以下の、一音節の短い英単語はかなり発音が良くないと認識されません。

YouGlish　実際の英文の中での発音を知る

英単語の発音は、たいていの場合、ネット上にある辞書で聞くことができます。ただし、YouGlish (https://youglish.com/) というサイトへ行くと、さらに英語学習に役立つ発見ができます。

YouGlishで英単語を入力すると、英会話の中でその単語が使われている動画をたくさん見ることができるのです。ネイティブ・スピードの英会話の中で使われている、その英単語の実際の発音を聞くことは、リスニングの学習に高い効果を発揮します。しかも、たくさんの活《い》きた実例を見て、聞くことができるのです。これは日本人にはたいへんありがたい機会です。

気になる英単語や、音声認識が正確になされないあなたが苦手とする英単語を入力して検索すると、たいていは、数千人のネイティブ・スピーカーが話している動画を見られます。それらの発音を聞いて、マネして発音することは、たいへんおすすめです。毎日一回、発音を知りたい英単語を検索して、十例ほどの動画を見るようにしてみてはいかがでしょうか？　慣れるまでは早口すぎると感じられると思いますが、これが、あなたの発音&リスニングの目標となる実際の英語の速度なのです。

ちなみに、YouGlishで「communicate」と入力して検索すると、三万もの動画が引っかかります。「accent」と入力して検索すると八千三百もの動画が引っかかります（いずれも二〇二一年十二月時点。検索数は、日々変化していますので、あくまでも参考数字です）。

——以上、Google Meetの「字幕」機能を中心に、音声認識アプリを活用する方法などを紹介してきました。ご使用は、あくまでも自己責任でお願いします。また、アプリの起動法や詳しい使い方などは、くれぐれもご自身で調べてくださいますようお願いいたします。本書の記述は、将来にわたってのみなさんの個別環境での各アプリの動作を保証するものではありません。テクノロジーもネット環境も日々進化・変化していきますので、ご自身で、折に触れて、本書のメソッドに従ったレッスンに最適な教材やツールをネット上で探すクセをつけるのも良いことでしょう。

補章【発音記号の発音方法】

最後に、英語の子音・母音の各発音記号の発音のコツを解説します。お手持ちの英和辞典などの図や解説と見比べながら、併用をしてください。

口の形や舌の位置はまるっきり同じままで、ノド（声帯）をふるわせないで出す「無声音」と、ノドをふるわせて出す「有声音」とは、セットで解説しています。

無声音と有声音の見分け方は、かんたんです。ノドの真ん中あたりにそっと指を当てて、振動を指に感じなかったら「無声音」、感じたら「有声音」です。たとえば口笛を吹いた時に出る音は「無声音」、日本語の五十音はすべて「有声音」です。

これら子音・母音の発音を極めたい方は、『改訂3版　英語耳』でのレッスンをおすすめします。

なお、[ʌ́] の上のマークは一番強いアクセント、[ʌ̀] の上のマークは二番目に強いアクセントを示します。

●子音の発音法① [p] [b]

[p] と [b] は、唇で息をためて、「プッ」と吐き出すときに出る音です。ノド（声帯）をふるわせない [p] が無声音（声では無い、空気のみの音）で、ノドをふるわせる [b] が有声音です。語頭の [p] [b] は強く、語尾の [p] [b] は弱く発音してください。

●子音の発音法② [m]

[m] は鼻から、ハミングして出す音です。唇で口をふさいで「ムー」と鼻から音を出しましょう。この音は、ノド（声帯）がふるえる有声音です。日本語の「ま行」よりもたっぷりとハミングしてください。

●子音の発音法③ [t] [d]

[t] と [d] は、舌先を上の前歯の後ろにくっつけて息をためて、「トッ」と吐き出すときに出る音です。ノド（声帯）をふるわせない [t] が無声音、ふるわせる [d] が有声音です。語頭の [t] [d] は強く、語尾の [t] [d] は弱く発音してください。

●子音の発音法④ [n]

[n] は鼻から、ハミングして出す音です。舌先で口をふさいで「ンー」と鼻から音を出し

ましょう。この音は、ノド（声帯）がふるえる有声音です。日本語の「な行」よりもたっぷりとハミングしてください。舌の形は [t] [d] と同じです。

●子音の発音法⑤ [k] [g]

[k] と [g] は、舌の奥を持ち上げて息をためて、「クッ」と吐き出すときに出る音です。ノド（声帯）をふるわせない [k] が無声音、ふるわせる [g] が有声音です。実は日本語の「か行」「が行」もこのように発音していますが、英語では、より舌を強めに口の中の天井に押し当ててください。語頭の [k] [g] は強く、語尾の [k] [g] は弱く発音してください。

●子音の発音法⑥ [ŋ]

[ŋ]（スペルは ng に相当）は、鼻からハミングして出す音です。舌の奥を持ち上げて口をふさいで「ンー」と鼻から音を出しましょう。この音は、ノド（声帯）がふるえる有声音です。次の音に向けて舌を離すときに、少しだけ [g] 音が自然と出ます。

●子音の発音法⑦ [l]

[l] は舌先を上前歯裏の歯ぐきにつけて、舌のわきから音を通して「う」と発音します。特に語尾の [l]（たとえば call 等）では、最後に「う」を添えるイメージになります。口の中央を避けて音を出す、変わった子音です。横から見ると、舌は [t] の形になりますが、舌の

両端は歯ぐきから離すところが違います。

●子音の発音法⑧ [ʃ][ʒ]

[ʃ]は、「シー、静かにして」のシーと同じ音です。上前歯裏の歯ぐきの部分に舌を近づけて、強く息を当てて出します。唇は丸めてください。[ʃ]はノド（声帯）をふるわせない無声音、[ʒ]はノドをふるわせる有声音です。[ʒ]は、英単語ではほとんど使われません。

●子音の発音法⑨ [s][z]

[s][z]は、舌先を上の前歯裏の歯ぐきぎりぎりにつけて、歯ぐきのワンポイントに、息を強く（ジェット気流にして）集中して当てて発音する音です。[ʃ]の舌先をまっすぐ伸ばすイメージになります。[s]がノドをふるわせない無声音、[z]がノドがふるえる有声音です。大きな音が出にくいので、強い息が必要です。実は多くの日本人が発音できていない難しい音です。

●子音の発音法⑩ [f][v]

[f][v]は、下唇を上の前歯の先につけたところに、強く息を吹きかけて出す音です。下唇をかむのではなく、軽く触れるだけにしましょう。[f]がノドをふるわせない無声音、[v]がノドをふるわせる有声音です。[f][v]は、たっぷり長く発音することを心がけてください。発音の終わりでは、下唇をはじかないで、次の音に向けて下唇を歯から離すイメージになります。

●子音の発音法⑪ [θ] [ð]

[θ] [ð]（スペルは th に相当）は、舌先を上の前歯の先につけたところに、強く息を吹きかけて出す音です。下の前歯で、舌先を支えて息の通り具合を加減しましょう。大きな音が出にくいので、強い息が必要です。[θ] がノドをふるわせない無声音、[ð] がノドをふるわせる有声音です。

●子音の発音法⑫ [j]

[j] の発音は、日本語の「ヤユヨ」の子音の部分です。日本語の「イ」に近い音で、「ジ」ではありませんので、ご注意。舌を、口の中の天井ぎりぎりのところに置いてから発音を開始しましょう。yes [jes] が、代表的な頻出単語です。year [jiɚ] のように [j] と [i] が連続して出てくる場合は、[j] と [i] をしっかり区別してください。

●子音の発音法⑬ [w]

[w] は、唇を丸めて、強く突き出して発音します。後述する母音の [uː] よりも、唇を突き出す子音です。たとえば、英単語 wood [wud] の [w] と [u] では、唇の突き出し方と、音が異なります。[w] で唇を強く突き出して発音を始めて、[u] になめらかに移行しつつ唇をゆるめるのです。

●子音の発音法⑭ [ʧ] [ʤ]

[ʧ] は、「チャチュチョ」の子音の部分です。正確には、[t] の発音（舌先を上の前歯の後ろにくっつけて息をためる）から始めて、[ʃ] の位置めがけて舌を離します。語尾の [ʧ] は実質的に [ʃ] の音で終わります。[ʧ] はノドをふるわせない無声音、[ʤ] はノドをふるわせる有声音です。

●子音の発音法⑮ [ts] [dz]

[ts] は Let's [lets] 等のように、良く使われる二つの子音の組み合わせです。正確には、[s] の位置めがけて、[t] から舌を離して発音します。語尾の [ts] は、母音を付けないで [s] の音で終わらせましょう。[ts] は、ノドをふるわせない無声音です。[dz] は、d で終わる単語の複数形の語尾で出てくる有声音です。

●母音の発音法① [i]

[i] は、舌先を上前歯の裏の歯ぐきにかなり近づけて「イ」と発音します。その際、唇を横に引くと、舌が前に出やすくなります。ちなみに、このように舌が前に来る音を、前舌音《ぜんぜつおん》と言います。

●母音の発音法② [iː]

[iː] は、舌先を上前歯の裏の歯ぐきに触れそうになる限界ぎりぎりまで近づけて「イー」と発音します。唇も、横にめいっぱい引いて、舌を前に出やすくします。よって、[i] と [iː]

では、音の長さだけでなく、音色も違ってくるのです。

●母音の発音法③ [e]

[e] は、あごを中くらいに開いて、舌を前に置いて「エ」と発音します。日本語の「エ」よりも、少し大きめにあごを開いてください。これも、舌が前に来る前舌音です。

●母音の発音法④ [æ]

[æ] は、あごをほぼ全開にして、舌を前に置いて「ア」と「エ」の中間の音で発音します。日本語の「ア」では舌が奥に入るので、舌が前に来る前舌音である [æ] の発音が苦手な日本人は多いです。でも、なぜか cat [kæt] の発音だけは上手な方が多いのも事実です。cat の [æ] を基準にして、「エア」のように、発音の冒頭にごく短い「エ」(前舌音) を発する意識をすると、舌が前に来るので、正しい [æ] を発音しやすくなるでしょう。

●母音の発音法⑤ [ɑ]

[ɑ] はあごを最大に開いて、舌を奥に置いて「ア」と発音します。唇は丸めませんが、前から見ると、唇が形作る円形は、たてのほうが横よりも長くなります(縦長の円形ですね)。米語では、この [ɑ] の発音が多用されます。イギリス英語では、[ɑ] の代わりに [ɔ] (後述) が多用されます。

●母音の発音法⑥ [a]

[a]は、あごを最大に開いて、舌を前に置いて「ア」と発音します。音声学的には、あごを[æ]よりも開くことになっています。二重母音の[ai]と[au]にしか使われない音でもあります。現代のネイティブの口の動きに基づくなら、あごの開きは、そこまで大きくなくても大丈夫だと思っています。

●母音の発音法⑦[ʌ]

[ʌ]は、あごを中くらいに開いて、舌を口の奥に少しだけ入れて「ア」と発音します。日本語の「ア」を、少し切れ良く発音すれば、それだけで英語の[ʌ]になります。

●母音の発音法⑧[ɔː]

[ɔː]は、あごを中くらいに開いて、唇を大きめに丸めて「オー」と発音します。口の奥の空間を大きく広げて、舌を奥に押し込むのがコツです。米語では[ɔː]を短くした音[ɔ]は短音ほとんど使われません（代わりに前述した[ɑ]の発音を使います）が、イギリス英語では短音[ɔ]が、[ɑ]の代わりとしてよく発音されます。

●母音の発音法⑨[ɔi]

[ɔi]は、二重母音です。[ɔ]から[i]まで、舌をなめらかに移動させながら発音しましょう。くれぐれも「オイ」と、[ɔ]と[i]をぶつ切りに発音しないでください。[ɔi]は一つの母音

と数えられる音だからです。

●母音の発音法⑩ [ei]

[ei] は、二重母音です。[e] から [i] まで、舌をなめらかに移動させながら発音しましょう。くれぐれも「エイ」と、[e] と [i] をぶつ切りに発音しないでください。[ei] は一つの母音と数えられる音だからです。

●母音の発音法⑪ [ai]

[ai] は、二重母音です。[a] の部分は、舌を前に置いて、日本語の「ア」を発音すれば、それでOKです。音声学的にはあごを [æ] よりも開くことになっていますが、あまり気にしなくても大丈夫でしょう。[a] は、二重母音である [ai] と [au] だけに使われる音です。

●母音の発音法⑫ [ʊ]

[ʊ] は、唇を丸めて突き出して「ウ」と発音します。するど、舌が口の奥に入るはずです。[uː] よりはリラックスした音です。母音は、唇を「丸める／丸めない」で音が決まるので、意識すべき、重要な要素です。日本語の「ウ」ではほとんど唇を丸めませんが、英語の [ʊ] [uː] では、はっきりと唇を丸めてください。

●母音の発音法⑬ [uː]

[uː] は [u] よりもさらに唇を丸めて（最大限にすぼめて）、突き出して「ウー」と発音します。舌は、口の奥の上の部分に位置させてください。実は、[uː] と [u] との違いは、音の長さよりも、音色の違いなのです。そこを発音し分けられる＝聞き分けられるようにしてください。

●母音の発音法⑭ [ou]

[ou] は、二重母音です。[o] の音は、この二重母音にだけに使われますが、発音は日本語の「オ」と同じで大丈夫です。舌の位置は、[ɔː] よりも少し上になります。[ou] では、[o] から [u] までを発音しながら、舌をなめらかに移動させせます。くれぐれも「オウ」と、[o] と [u] をぶつ切りに発音しないでください。[ou] は一つの母音と数えられる音だからです。[ou] と [ɔː] は、混同しやすいので、しっかり区別して発音練習をしましょう。

●母音の発音法⑮ [au]

[au] は、二重母音です。[a] の部分は、舌を前に置いた、日本語の「ア」で大丈夫です。音声学的にはあごを [æ] よりも開くことになっていますが、あまり気にしなくても良いでしょう。[a] の発音は、二重母音の [ai] と [au] だけに使われています。

●母音の発音法⑯ [ɚ]

bird, word, girl などの母音である [ɚ] は、日本語には無い、米語ではとても重要な音色の母音です。舌全体を持ち上げ、舌先を少しだけ上向きにカールさせて、日本語の「ア」をイメージしながら、ノドの奥から音をひびかせて発音してください。実は、[ɚ]と[ɝ]とは発音方法がほとんどいっしょなので、[ɚ]が発音できれば[ɝ]も発音できるようになります。[ɚ]を発音する際の舌の形と位置には、人により、いろいろ違いがあります。たとえば、舌の奥を持ち上げて舌先は上に向けない方法もあります。

●母音の発音法⑰[ɝ]

[ɝ]と[ɚ]は、ほぼ同じ音の感覚で発音します。[ɚ]と同様に、舌全体を持ち上げて、舌先を少しだけ上向きにカールさせて発音しましょう。[ɝ]の場合は、さらに唇を丸めて、舌を押し上げてから、次に続く母音に向けて舌をすばやくなめらかに移動させながら発音することになります。[ɝ]の舌の形と位置は、[ɚ]と同様、人によりいろいろ違いがあります。

●母音の発音法⑱[ə]

[ə]は、〝あいまい母音〟と言われる、はっきりしない、弱い音です。口をあまり開かずに、日本語の「ア」をとても弱く短く発音すれば大丈夫です。〝あいまい母音〟とは、早口で話す際に、発音動作の終了が間に合わないので、不完全なままで発音する母音の総称です。アクセントが無い母音が、あいまい母音になります。ゆっくり発音するときには、その部

分をスペルの通りに「i, e, a, o, u」で発音しても通じますが、普通の速度で会話をする場合には[ə]は、〇・一秒ほどの短時間であいまいに発音することに慣れてください。すると、長い英単語もとても速く発音できるようになり、ネイティブスピードの発音に近づくとともに、ネイティブの高速な会話もリスニングできるようになります。

●母音の発音法⑲ [ɑɚ]

[ɑ]から[ɚ]へとつながる二重母音の一種です。car, star, hard等の英単語の「ar」のスペルの部分に該当する発音です。スペルの「r」のところが、[ɚ]の音になります。

●母音の発音法⑳ [ɔɚ]

[ɔ]から[ɚ]へとつながる二重母音の一種です。door, morning, north等の英単語の「or」のスペルの部分に該当する発音です。スペルの「r」のところが、[ɚ]の音になります。

あとがき

『英語耳』の初版本が出たのは二〇〇四年十月八日のことです。幸いにも、発売とともに「目からうろこが落ちた！」「本当に効果があった！」「TOEICの点数が急伸した！」といった、読者のみなさんからの大きな反響をいただくことができ、「英語耳」という言葉は一つの流行語ともなりました。その後、『英語耳』の内容をおぎない、進展させるための続編として『英語耳ドリル』『単語耳』（全四巻）などの英語耳シリーズを出版し、二〇一九年十二月には、その究極形とも言える『15時間で速習　英語耳』（Parrot's Lawの習得にも最適な学習書です）を出版することができました。その間にたくさんの方々からプラスのエネルギーをいただいたので、お世話になった方々への感謝とともに、『英語耳』への想いをあらためてここに書かせていただきます。

二〇〇四年の『英語耳』の出版はネット上で加藤禎顕《かとうさだあき》氏と知り合ったことで実現しました。私にとっては、最初の本を担当してくださった加藤さん（当時はアスキー社に在籍）との出会いは幸運でした。加藤氏は、「ネットで探すと、本にしたいテーマに関して書いていただきたいような著者にめぐり合えるんですよ」と当時から話していました。当時、英語学習に関するホームページを開いていた私も、その著者の一人だったわけです。続編の『英語耳ドリル』も加藤さんとのコラボで作りました。私の発音の原点は、一九六〇年代、一九七〇年代に聞いた洋楽の数々にあります。私の場合、英語学習の最初に「洋楽一曲を三百回」ほどくり返し聞きながら、その発音をマネして歌うことから始めました。そうすると、二曲目からはだんだん、発音の練習にかける時間が少なくてすむようにもなる発見をしました。これこそ、私が実際に経験して、最初に効果を確認できた方法でした。鳥のオウムのくり返し学習を英語にあてはめた「Parrot's Law」（オウム効果）というメソッドについては、本書でもご紹介しましたが、これを具体的に体験していただくために制作した第一弾である『英語耳ドリル』では、加藤氏の尽力で、シンディ・ローパーなどの実力派歌手が歌っている、みなさんの学習に適した五曲を付録CDに収録することができました。

二〇〇五年になると、『英語耳』の評判を聞いた社内（当時、私が在籍していた会社）の教育担当の部門から「社内でも英語を教えないか？」との声がかかりました。社内の講座には二〇〇六年から二〇一〇年までの四年間に延べで七百人を超える社員たちに受講生として参加してもらいました（この経験も、その後の続編や、二〇一〇年の第二版『英語耳』の執筆に大いに役立ちました）。

工藤裕一《くどうゆういち》編集委員には、『単語耳』Lv.1、つまり第一巻からお世話になっています。『単語耳』は二〇〇六年二月に工藤氏に企画を持ち込み、二〇〇九年十一月に第四巻（完結編）を発売したという約三年半にわたる長いプロジェクトでした。英会話での使用頻度の高い八千単語を発音の視点から分類して、英語の発音のコツを全四巻の全体を通して段階を追って習得できるように仕組んであります。練習のレベルに合わせて、一巻ごとにテーマが異なっていたので、毎回、工藤氏にはご苦労をおかけしました。第三巻からは「語源」も取り入れて盛り込む内容を欲張った結果、大変に細かい作業を長時間、工藤氏にも強いることになりましたので、『単語耳』プロジェクトという長い壮大な旅を完結できたことを、たいへん感謝しております。

その後、『単語耳』の全四巻を完走する人が続々と現われてきました。英単語は、その意味やスペルだけを暗記するのではなく、正しい発音の「音声」とともに習得するほうが効率的です。英単語の音声のシャドウイングをくり返し練習しているうちに、リスニングの力が上がり、英語を読む速度も上がることを、このときに確認できました。英単語の発音を練習した方々に、英会話と英語の語彙力《ごいりょく》に自信を持っていただけたことがうれしい記憶になっています。

『英語耳』が出てから約六年後の二〇一〇年八月には、『英語耳』の第二版として『英語耳［改訂・新CD版］』を出版しました。第二版でまず手掛けたのは新CDの作成です。『英語耳』を教科書として発音講座で実際に使ってみると、子音・母音を習得する順番や、単語の選び方などの面で、まだまだ改善できるところがあると気づきました。また、『英語耳』で練習したという方々の発音指導の経験から、まだまだ言いたいことが伝わっていない面があることも感じました。英語の発音の上達のカギは「生の英語と自分の発音のギャップ（違い・ずれ）に、いかに気づけるか？」にあります。第二版のCDに入れる音声では、その発音のギャップにさらに気づきやすいように、発音の練習の順番、練習する音を含む単語の選定をすべて見直しました。

実は、私は六十歳になったときから、先生についてピアノを習い始めました。「バイエルピアノ教則本」もやりました。くり返して練習することで、指と脳がだんだん慣れていき、複雑な演奏ができるようになることは「英語の発音練習」と同じだと改めて強く感じました。そして、ピアノを相手に「Parrot's Law」を実行している気持ちで練習をしました。くり返して練習しているうちに、脳と指がつながり「ピアノ耳（ピアノ指）」につながることが予感できました。英語の習得と同じで「壮大な慣れ」で楽しくピアノで遊べて弾き語りができるようになることを夢見ています。五年でなんとか「子犬のワルツ」を通して弾くことができました。特に、ピアノでの脱力が曲に与える音楽的な印象と、英語の発音の音の変化の習得のステップには類似性を感じています。ピアノも英語も毎日触れることが必要ですので、私もピアノのレッスンを〝楽しく〟続けたいと思っています。

『英語耳』の改訂二版である『英語耳[改訂・新CD版]』を出版してから十年以上が経つと、今度はその間にAI技術が進み、インターネットの世界が大きく変わりました。海外ドラマなどの動画をスマホで見ることが当たり前になり、生の英語の情報は、ネット上に氾濫《はんらん》するようになりました。音声認識が実用化され、ネイティブスピーカーの助けを借りなくても、自分で英語の発音診断を行なえる時代にもなりました。英文を読んでくれる音声合成技術も十分な精度で実用化されていますので、音源が無い英単語や文章の発音でも、ネットを使えば聞くことができます。

そこで二〇二一年四月に発売した『英語耳』の「改訂3版」では、大好評を博していた「改訂2版」の構成はほとんど変えずに、そのように進化したインターネットの活用法を取り入れる形でのバージョンアップをはかりました。結果として、同書は多くの書店さんで「発音・リスニング」部門でセールスランキング一位を再び獲得するに至りました。

二〇二一年八月からは、『英語耳』の進化発展版とも言える姉妹作品『単語耳』シリーズ（全四巻）の「改訂版」も発売を開始しています（現在、一巻、二巻のみ発売。二〇二一年十二月現在）。

とはいえ、現代では、『英語耳』『単語耳』のような「レッスン音声を収録したCD」付きの比較的高額な学習教材を使用しなくても、ご自分で工夫すれば、「英語耳」レッスン自体は可能になってきているのもまた事実です。

本書内でも再三触れたように、ネット上に、英単語の正確な音声を聞けるオンライン辞書だったり、ネイティブの実際の英会話を聞ける動画コンテンツだったりがたくさん存在するような時代になったからです。中には、字幕付きで英会話動画を再生してくれる、学習に便利なサイトも多数存在しています。

従来の『英語耳』『単語耳』シリーズよりも廉価で手にとりやすくなった本書、新書版の『英語耳』でご紹介したノウハウが、「バイエルピアノ教則本」と同様に、英語の学習における発音練習の定番の一つになって、中学生～TOEICで高得点を目指す社会人にまで広く使われていくことを願っています。

英語習得の旅に出発したみなさん！　ぜひ英語耳を身につけた素晴らしい世界にいらしてください。私はずっとみなさんを応援しています。

二〇二一年十二月吉日

松澤喜好

本書は、二〇〇七年に小社より刊行した『挫折なしで英会話ができる「英語耳」9つの法則』(アスキー新書)、および二〇二一年に刊行した『改訂版　単語耳　レベル1』『同　レベル2』の理論編の内容の一部を再編集の上、加筆修正し、刊行したものです。

松澤喜好（まつざわ・きよし）
1950年生まれ。大学卒業後に富士ゼロックス（株）に入社し、主にソフトウェア開発に携わり、海外と連携したプロジェクトを多数経験。1975年、英検１級取得。1979〜81年には英国駐在も経験。2000〜04年には大学にて非常勤講師として発音を指導。日本音声学会会員、日本英語学会終身会員。英語学習者向けのサイト「eigo33.com」を運営。英語の語源学習のためのブログ「語源の広場」を計３名で運営。アルクのサイトに「英会話にも役立つ　基本動詞をマスターしよう」を寄稿。主な著書に、『改訂３版　英語耳　発音ができるとリスニングができる』『15時間で速習　英語耳　頻出1660語を含む英文＋図で英会話の８割が聞き取れる』『改訂版　単語耳　レベル１　基礎英単語1000の音を脳に焼き付けて「完全な英語耳」へ』（以上、KADOKAWA）など。「英語耳」「単語耳」シリーズの累計発行部数は100万部を超える。

「英語耳《えいごみみ》」独習法《どくしゅうほう》

これだけでネイティブの英会話《えいかいわ》を楽《らく》に自然《しぜん》に聞《き》き取《と》れる

松澤喜好《まつざわきよし》

2022 年 1 月 10 日　初版発行
2024 年 10 月 30 日　5 版発行

◆◇◇

発行者　山下直久
発　行　株式会社KADOKAWA
〒102-8177　東京都千代田区富士見 2-13-3
電話　0570-002-301（ナビダイヤル）

装 丁 者　緒方修一（ラーフイン・ワークショップ）
ロゴデザイン　good design company
オビデザイン　Zapp!　白金正之
印 刷 所　株式会社KADOKAWA
製 本 所　株式会社KADOKAWA

角川新書
 ISBN978-4-04-082423-9 C0282